LUCIEN COLSON

LES

Joyeux Récits

DES

Péchés Capitaux

PARIS

LÉON VANIER, LIBRAIRE-ÉDITEUR

19, QUAI SAINT-MICHEL, 19

1897

L'Orgueil

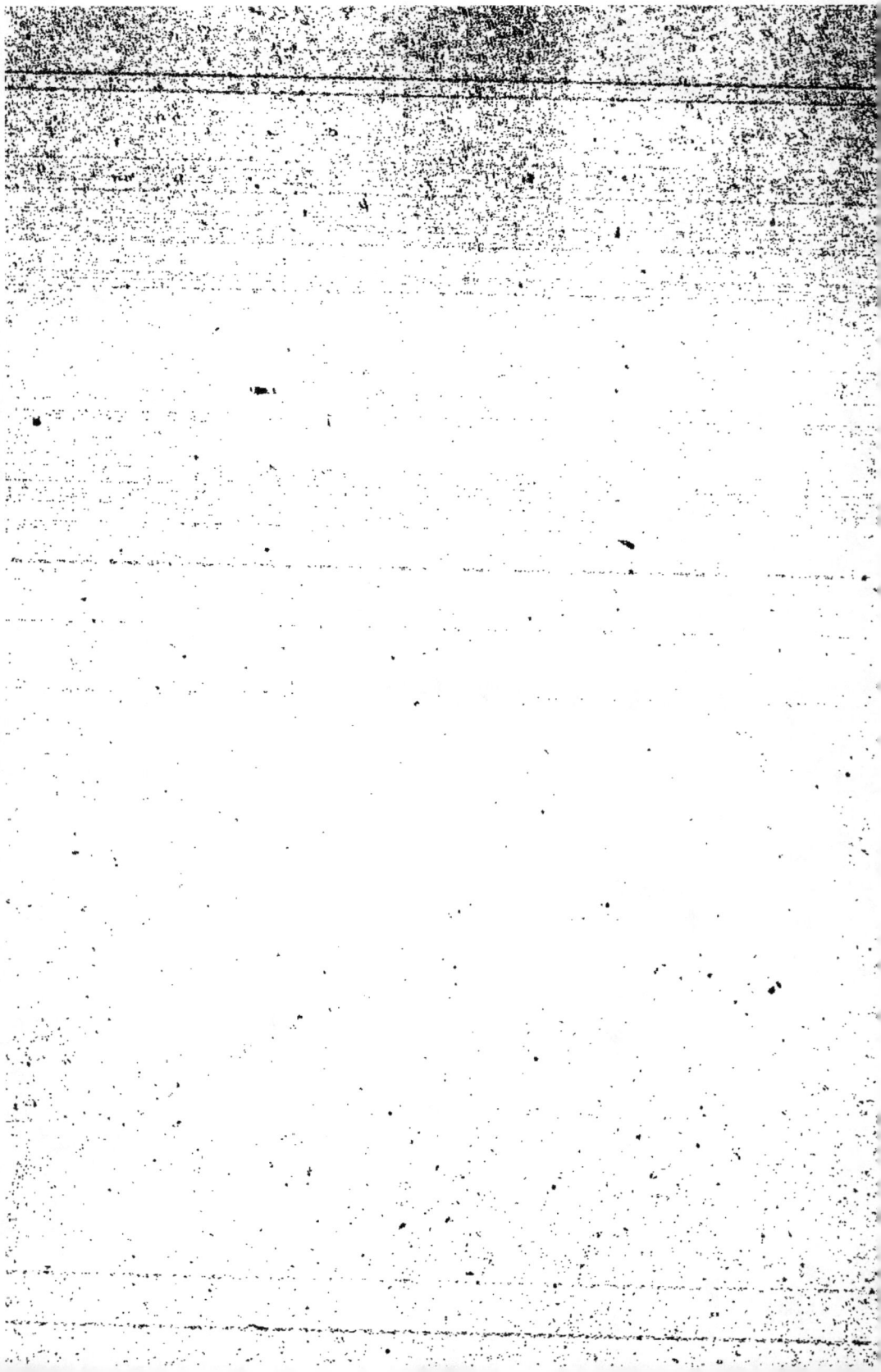

Des Péchés Capitaux

L'ORGUEIL

I

Il y avait à Paris un astronome de grand talent. Il avait déjà découvert dans le ciel beaucoup d'étoiles et passait encore ses nuits à regarder dans de fortes lunettes, bien qu'il eût dans son lit une jeune et jolie femme.

Comme il était très riche, il s'était fait construire pour lui, et un jeune homme de ses amis, une lunette de quatre-vingt-quinze mètres plantée sur une maison de douze étages.

Son observatoire était ainsi celui du

plus grand et du plus émérite des astronomes de notre temps. Les douze étages possédaient chacun onze grandes pièces, lesquelles étaient pavées, plafonnées et tendues de planches noires. Chacune possédait un portrait de Maître Cocufond (c'était son nom) avec une étoile au milieu du front.

Ces planches lui servaient pour établir ses calculs. Il en avait fait de si importants que les onze chambres de son observatoire étaient couvertes de chiffres, de carrés algébriques, de lignes, et d'une grande quantité de signes extraordinaires dont nous ne pouvons nous rendre compte. La preuve d'un de ses calculs l'avait tenu deux ans. Cette preuve confirma, bien entendu, le travail, ce qui ne pouvait se passer autrement vu la science du savant.

Maître Cocufond avait établi son calcul à propos d'un événement astronomique assez curieux.

Il avait aperçu dans le ciel un tout petit point rouge qui se promenait dans le bleu. Ce tout petit point rouge le déroutait. Tantôt il apparaissait parcourant l'espace avec une vitesse vertigineuse, tantôt disparaissait derrière une planète quelconque, tantôt encore semblait se mêler aux jeux des étoiles filantes, pour danser avec elles au clair de la lune, comme les moucherons d'été dansent au soleil couchant.

Ce petit point rouge l'embêtait parce qu'il avait l'air de se moquer de lui. Il avait des prétentions à ne pas vouloir se soumettre au régime établi par lui pour la conduite des astres. C'était un petit point rouge rebelle auquel il adressait souvent des injures à travers sa lunette.

En un mot, mettez-vous à la place d'un aussi grand astronome que Maître Cocufond et supposez qu'un astre ne veuille pas revenir à date fixe devant votre lunette, un astre de rien du tout, qui viendrait démentir ce que vous auriez annoncé la veille dans les journaux les plus savants. Il y a de quoi mettre en colère le moins astronome des astronomes.

De là venait son grand calcul qui tenait six étages et par lequel il était établi, preuves sur table noire, que ce petit point rouge était un vulgaire aérolithe et qu'il devait toucher terre dans cinquante ans. Quand même, il lui aurait plu, à ce vilain petit point rouge de rester chez Saturne, ou chez Jupiter, de batailler dans Mars ou de jouer des idylles dans l'Etoile du Berger, il devait dans cinquante ans, date que Maître Cocufond lui avait assigné, tomber sur notre misérable planète. Ce n'était d'ailleurs pas une possibilité, c'était en quelque sorte un devoir.

L'affaire étant entendue, ce calcul terminé, la preuve faite, Maître Cocufond écrivit un long article sur son savoir en fin duquel il annonça que dans cinquante ans et trois jours l'aérolithe tomberait sur terre après avoir parcouru 1 157 89659 101189 13456 789 10000,01 d'espace ni plus ni moins.

Or, il arriva qu'un soir Maître Cocufond grimpa selon son habitude ses douze étages et regarda dans sa grande lunette de quatre-vingt-quinze mètres.

Il était environ deux heures du matin, par une belle nuit d'été très douce, très calme, une de ces nuits qui chantent et embaument avec leurs bouffées d'acacias qu'apportent les brises. Seule, dans ce laboratoire, vacillait une petite lampe.

Un autre que Cocufond se fut accoudé au balcon et, songeur, dominant la ville endormie étendue à ses pieds, et d'où montait, comme du sein des forêts, des cris de détresse, des soupirs d'amour, tout un bruissement tissé de lentes poésies, tout autre que lui serait tombé en extase. Mais le ciel bleu sombre sous les reflets nickelés de la lune ne lui disaient rien ; les petites étoiles, ces lampions du bon Dieu, ni Vénus la belle, ni le grand bol de lait renversé en un jour de colère et que l'on nomma plus tard la voie lactée, rien de tout cela ne le rendait rêveur. Il fixait simplement le petit point rouge qui, dans le ciel, galopait d'un galop insensé!

— Mais qu'est-ce qu'il a donc ce soir, mon sacré point rouge, grognait le célèbre astronome, l'œil vissé au bout de sa lunette.

Il est certain que le sacré point rouge (comme disait l'astronome dans la bouche duquel le juron quoique rare était toujours bien senti) était un des points les plus ennuyeux que l'on eut jamais aperçus dans le ciel. Il faisait des sauts de carpes, jouait aux quatre coins de Paris avec les étoiles de la grande Ourse, semblait des fois se faire traîner dans le chariot de David, marchait, gambadait, sautait, inventait à plaisir des carmagnoles célestes, tantôt semblait être le volant d'une immense raquette, tantôt se plaçait gravement devant la lunette de Cocufond comme un lièvre moqueur faisant la nique au chasseur maladroit.

Maître Cocufond pestait.

Il avait déplacé sa lunette plus de cent

fois. Quand il replaçait son œil contre le verre, pan, le petit point rouge avait fait deux sauts de côté. Il avait beau ouvrir de grands yeux, allonger sa lunette le plus possible, c'était peine inutile, le petit point rouge avait l'air d'être le quatrième dans un quadrille échevelé.

A bout de forces, Cocufond enleva sa calotte, s'essuya le front et s'assit en blasphémant :

— Cochon de point rouge, attends voir dans cinquante ans !

Puis, sur cette menace, il descendit lentement ses douze étages afin de se rendre chez lui, prendre un peu de repos.

Hermangarde Cocufond, blonde, avec de grands yeux noirs veloutés était étendue sur son lit de milieu.

Au dehors, à travers les rideaux entr'ouverts, le lointain brumeux et sombre des bois se détachait sur le ciel argenté. Des odeurs de roses-thé arrivaient par bouffées et venaient mourir sur le corps demi-nu d'Hermangarde. Un cor de chasse, loin, bien loin, bien loin dans la plaine, jetait sa note doucement pleureuse comme une évocation des jours perdus, des soleils passés. Toute la poésie des nuits d'été se faufilait par la fenêtre et emplissait la chambre d'une vague rêverie.

Hermangarde, à laquelle les deux bras servaient d'oreiller et dont le corps plutôt modelé dans une chemisette de soie, n'était couvert qu'à demi par les draps rejetés, rêvait en suivant les volutes bleus d'une cigarette parfumée.

Elle rêvait, oui ! mais se fichait pas mal de l'odeur des roses-thé et du chant du cor !

Elle attendait tout simplement, avec impatience, son amoureux, l'ami de Cocufond, un astronomiscule ; tapotait du pied le bois de sa couchette et pestait contre ce malotru qui la faisait attendre.

Soudain une tête parut à la fenêtre. Enjamber la balustrade, tirer le rideau, embrasser sa belle fut l'affaire d'un instant pour cet animal d'astronomiscule qui profitait des grillages des roses-thé et des solides bouts de bois qu'Hermangarde avait plantés dans le mur, sous prétexte de guider ses fleurs.

En tous cas vous ne vîtes jamais plus beau couple que celui' de ces deux amoureux-là. Lui, en voisin, n'avait

passé que sa culotte. Il fut donc vite de-
vêtu et put prendre sa place toute
chaude !

On entendit des baisers, des bribes de
conversation :

— Encore ta bouche, mignonne, faisait l'amoureux.

— Oh ! tiens, répondait Hermangarde.

Leurs souffles s'unirent, leurs baisers
s'accouplèrent en une même ivresse.
Puis des baisers, d'autres et d'autres
encore ; les roses-thé soufflaient toujours
leur haleine embaumée et le cor chantait
au loin dans la plaine :

> Allons chasseur, vite en campagne
> Du cor n'entends-tu pas le son
> Tonton, tonton, tontaine, tonton
> Pars et qu'auprès de ta compagne
> L'Amour chasse dans ta maison
> Tonton, tontaine, tonton.

Sous le regard bienveillant des étoiles
indiscrètes qui, par l'entrebâillement des
fenêtres, lorgnaient le tableau, les jeunes

amoureux s'unirent en un suprême embrassement, les dentelles s'agitèrent, les draps furent refoulés et, à de certains trépignements, on se serait aperçu que Mme Cocufond savait au moins par d'autres ce que son mari négligeait de lui apprendre.

Et le cor chantait toujours :

> Chasseur tu rapportes la bête
> Et de ton cor enfle le son
> Tonton, tonton, tontaine, tonton
> L'amant quitte alors sa conquête
> Et le cerf entre à la maison
> Tonton, tontaine, tonton.

Le couplet du cor n'était pas terminé qu'une clef tourna dans la serrure. Un coup de fusil dans une volée de perdreaux ne fait pas plus d'effet ; l'astronomiscule se leva précipitamment, courut à la fenêtre, pannet ballant, bannière au vent, oubliant culotte, chapeau, savates, et comme il enjambait la balustrade le cor achevait lentement :

> ...... tontaine, tonton !

Cocufond entra. La belle Hermangarde, la maline, ronflait d'un ronflement sonore, et semblait rêver aux anges à la façon des petits enfants.

Cocufond déposa son chapeau sur la commode, enleva méthodiquement ses frusques ; malheureusement, au moment de se mettre au lit ses pieds bûchèrent dans une paire de savates et de chaussettes d'homme.

— Tiens, tiens, fit-il, en se grattant le front, ce n'est pourtant pas aujourd'hui mardi gras, que je sache !

Après un examen sommaire, il conclut que ces frusques étaient de beaucoup trop grandes pour sa femme et que, par conséquent, comme deux et deux ont depuis longtemps l'habitude de faire quatre, quelqu'un sortait de la chambre conjugale où venait de se perpétrer une cocufication.

Le pauvre savant fut homme pour la première fois peut-être de sa vie, et se sentit jaloux :

— Ça y est, fit-il, tristement, j'y suis.

Le hasard voulut qu'il allât respirer l'air à la fenêtre entr'ouverte. Un immense pan de chemise pendait aux grillages des roses-thé, tout le derrière d'une chemise arraché à la hauteur de la taille se balançait glorieusement comme un drapeau royal aux souffles embaumés de la nuit.

Ah ! c'était un pannet monstre, un de ces beaux pannets comme en ont les amoureux, bien propret, bien lisse, de toile fine, un de ces transparents discrets qui se retirent au moment voulu, en un mot un beau pannet. Et bien entortillé au milieu des roses-thé, il avait l'air d'un drap jeté là pour couvrir les boutons nouveaux.

Cocufond fut joyeux de voir ce pannet là blanchir la nuit.

— Au moins, dit-il, le godelureau a dû bougrement s'écorcher les fesses. Demain dès l'aube d'ailleurs je pourrai, à l'aide de ce pannet-là, confondre ma femme.

Sur ce, le pacifique savant s'alla

étendre aux côtés de sa femme et, très fatigué, s'endormit jusqu'au jour.

Lorsque l'aube parut, essuyant ses pieds roses aux portes de l'Orient, maître Cocufond tapota sa femme :

— Ohé, là, Hermangarde, Madame Cocufond.

Hermangarde ne bougea pas.

— Eh bien, madame Cocufond, réveille-toi donc ?

Hermangarde qui ne dormait pas du tout, se tourna, s'étira, ouvrit, ferma, ouvrit à nouveau les yeux, se les frotta, puis doucement embrassa le célèbre astronome, son mari cocu, en l'appelant mon chéri.

— Lève-toi, je te l'ordonne, Madame, fit Cocufond et suis-moi.

Hermangarde se sentait pincée. Elle obéit, et toute rose, belle, à demi-nue, elle alla s'accouder à la fenêtre des roses-thé, en compagnie de son mari.

Quand ils furent là tous les deux Cocufond dit d'une voix sévère.

— Hé bien, Madame, ne vois-tu rien ?

Hermangarde se pencha et un immense éclat de rire sonnant joyeusement comme l'Angelus du matin emplit la chambre conjugale. Mme Cocufond alla se fourrer dans les draps ne pouvant retenir son rire.

— Hé bien, fit Cocufond, qu'as-tu vu ; pousserez-vous l'audace, Madame, jusqu'à vous moquer de moi à ma barbe ?

Cocufond, rasé à la façon des prêtres, se passait pendant ce temps la main sur le menton.

Entre deux rires Mme Cocufond put accentuer :

— Mais allez voir, allez vous-même, mon chéri, allez.

Cocufond se pencha.

Horreur !

A la place du gentil panet blanc, ballant parmi les roses-thé, s'étalait une pancarte blanche, sur laquelle se détachaient écrits en noir les deux vers suivants :

Là même où j'ai montré mon cul
Maître Cocufond fut cocul.

III

Le soir même de ce ce jour-là Cocufond s'enferma dans son observatoire et s'endormit.

A son réveil, son observatoire étincelait à la lueur d'une forte lumière rougeâtre qui lui fit mal aux yeux.

Il crut rêver encore, jusqu'à l'instant où il vit à ses pieds une pierre enflammée qui s'éteignait peu à peu.

Elle prit des teintes jaunâtres, puis grises et devint tout à fait brune.

Maître Cocufond ahuri s'écria :

— Dieu de Dieu, un aérolithe !

Un aérolithe, en effet, dans sa course vagabonde, était venu tomber dans sa lunette. C'était le fameux petit point rouge.

Il s'approcha, et, comme il voulait le toucher, afin de se bien rendre compte de sa nature, l'aérolite éclata, s'ouvrit, et laissa la liberté à une espèce de petit bonhomme velu, laid, vieux et mal fichu qui se mit à parcourir la salle au pas gymnastique. Maître Cocufond le regarda d'abord faire, puis revenu de sa frayeur première s'approcha du petit bonhomme et lui tapant sur ce qui lui servait d'oreilles ?

— Pardon, monsieur l'Aérolithe, seriez-vous assez bon pour m'expliquer votre présence en ces lieux ?

Le petit bonhomme fit demi-tour et tour et, d'un ton nasillard et narquois, répondit :

— Ma présence ? eh bien, et la tienne ?

Le célèbre astronome, qui n'avait pas l'habitude de se laisser tutoyer même par les autres grands savants, se redressa sans perdre un pouce de sa taille et dit :

— Sachez, monsieur l'Aérolithe, à qui vous avez l'honneur de parler. Je suis le célèbre astronome Cocufond, le propriétaire de la plus grande lunette du monde entier, le plus savant de ceux à qui revient l'honneur de lire dans le livre des astres.

— Ça, je m'en fiche ! dit le petit bonhomme.

Mais Cocufond n'avait pas entendu.

— ... l'homme qui découvrit le plus de corps célestes, qui, à l'aide de calculs incommensurables, règle le cours des lunes et mesure la force des rayons du soleil.

— Continue, nargua le petit bonhomme. Tu t'appelles Cocufond, c'est joli cela.

— Oui, narguez, petit fou, narguez ; vous pouvez bien vous moquer, vous, le plus infime des astres. Dirait-on pas à vous entendre une étoile de première grandeur. D'ailleurs, que faites-vous ici à cette heure, je vous le demande encore une fois ?

— Je me promène ; je voyage si vous aimez mieux, pour mon plaisir.

— Vous vous promenez ; mais, petit fou que vous êtes, apprenez que vous ne savez pas ce que vous faites. Vous n'avez pas le droit d'être ici.

— Ah bah ! En l'honneur de ?

— C'est bien simple, parce que vous ne devez y être que dans cinquante ans.

— Dans cinquante ans ? Mais qu'est-ce que cela cinquante ans ?

— Parfaitement, dans cinquante ans où mes calculs seraient faux ce qui est absolument inadmissible. Savez-vous lire ? Voyez ces planches couvertes de chiffres, vous deviez, avant de tomber sur notre planète, parcourir encore 1157 8965 910118 9134 567891 0000,01 lieux dans l'espace. Suivez-moi, vous allez comprendre.

Cocufond s'arma d'un grand bâton et se mit en devoir d'expliquer ses calculs au petit bonhomme. Il fut heureusement arrêté à temps.

— Mais dites donc, monsieur l'Astronome, est-ce que vous êtes tous comme cela sur votre Terre, parce que c'est la première fois que j'y viens ?

— Tous ! mais riez-vous ? mon pauvre ami ? Vous voyez en moi un des êtres le plus intelligent et le plus parfait.

— Allons donc ?

— Oui, et les autres hommes sont auprès de moi de bien faibles esprits.

— Où diable suis-je venu me fourrer ? conclut simplement le petit bonhomme en se fourrant les doigts dans le nez.

IV

Cocufond redressa ses lunettes d'or, se passa la main gauche dans les cheveux, prit son attitude des grands jours et commença :

— Voyez-vous, monsieur l'Aérolithe, ces murs noircis de chiffres, ces additions immenses, ces multiplications formidables, ces équations dont les inconnus se dévoilent un à un, cet amas de science, ces produits de mon cerveau, résumé de mes années de recherche et de travail ? eh bien ! Tout ceci vous prouve catégoriquement que vous ne savez pas ce que vous faites et que...

A ces mots la figure du petit bonhomme s'assombrit. Se levant le plus possible sur la pointe de ses petits pieds, le bonhomme dit :

— Vous êtes surtout de cette race dont j'ai entendu parler quelquefois, mon ami Cocufond, et que l'on rencontre partout : la race si étendue et si prolifique des orgueilleux ou des fous. Vous voudriez tout savoir, tout connaître, tout régler ; pauvre petit bonhomme que vous êtes ; vous voudriez aussi qu'on dise demain, à seule fin de faire crever les autres d'envie : Cocufond est un grand astronome, Cocufond par ci, Cocufond par là. Eh bien, moi, je vous ai réservé un petit tour de ma façon, moi, le plus petit des astres, comme vous dites, et l'on dira simplement demain : Cocufond est cocu, voilà pour l'homme ; Cocufond est un imbécile fou d'orgueil et de vanité, voilà pour le savant. Son calcul était faux, et l'astre était en règle. Cela vous apprendra, et vous remiserez votre lunette de soixante-quinze mètres de long et vous démolirez votre observatoire de douze étages ; la vraie science ne bat pas le tambour. Regardez-moi Cocufond qui prétend empêcher les étoiles de danser en rond. Mais la salle de danse est l'immensité, mon pierrot, et tu n'aperçois d'ici que les vieilles, celles qui regardent; quant à celles qui jouent, comme moi, à cache-cache dans la barbe de Dieu, calcule mon ami, si tu peux, le jour lointain où, moqueuses, elles viendront effleurer le poil de ta moustache...

Et puis zut, voilà mon pied de nez.

Ceci dit le petit bonhomme saisit la queue d'une étoile filante et disparut dans l'infini des cieux.

L'Avarice

L'AVARICE

I

En Champagne, non loin du château du sire de Poil-dans-la-Main et de l'Abbaye des Nonnes-Fleuries, mais en allant vers la ville de Reims, sur les monts de Trépail et de Verzy, il y avait autrefois deux manoirs, complètement disparus aujourd'hui. Le plus grand soin avait présidé à leur construction, et l'on assistait du sommet de leurs tours à un merveilleux spectacle naturel. D'un côté, de vastes forêts de chênes s'étendaient jusqu'à Notre-Dame de Reims dont les clochetons se détachaient en dentelles sur l'horizon ; de l'autre, la plaine cou-

rait à petits bonds jusqu'aux champs ca-
talauniques, mi-boisée, mi-couverte de
cultures où les sangliers, les cerfs, les
lièvres et les lapins trouvaient une nourriture abondante et un abri sûr contre la
fureur du marquis de Mangetout-Enunjour.

Le château du marquis de Mangetout-
Enunjour était situé à mi-colline et regardait la plaine. Il était réputé dans les
environs pour être un rendez-vous
joyeux de chasse et de bonne chère ; dès
le matin, le cor y réveillait les hôtes au
son de la Diane sonore ; le château s'ani-
mait aussitôt ; des panets passaient rapidement derrière les fenêtres, et bientôt,
sur de rapides et solides chevaux, après
avoir copieusement dit sa prière et dé-
jeuné, on partait courir le cerf ou forcer
le sanglier. Des valets suivaient la
chasse, portant des victuailles froides et
des bouteilles de vieux vin soigneuse-
ment entourées de linge mouillé pour
les bien tenir fraîches ; les jours se passaient ainsi à courir les bois, en joyeux

propos et en galantes plaisanteries et, le
soir, malgré sa nature un peu grossière,
mais pour plaire à certains de ses hôtes,
le sire de Mangetout-Enunjour faisait
chanter des vers aux poètes de passage
et raconter de grosses farces aux diseurs
de bonne aventure, pour lui, et quelques
autres de ses amis, qui se déboutonnaient
le ventre et riaient à panse que veux-tu ;
et, parmi toutes, les histoires que le
marquis préférait étaient celles dont le
sire de Pétecourt, son frère, était à la
fois le héros et le sujet.

Le sire de Pétecourt était en effet
l'homme le plus avare que l'on eut
jamais connu de Reims à Bar-le-Duc et
de Châlons à Troyes. Cependant il était
fort riche, puisqu'étant le frère aîné du
marquis de Mangetout-Enunjour il avait
hérité du château de famille planté sur
le sommet des monts de Verzy comme
un nid de corbeau sur le haut d'un peu-
plier. Grand, maigre et sec, son corps
ballottait dans une espèce de soutane
trop large pour lui, comme un seau vide

dans le trou d'un puits ; et, s'il avait une
soutane si large, croyez bien qu'il ne
l'avait pas payée de ses écus, il l'eut cer-
tainement prise plus ajustée, mais elle
lui venait de son père beaucoup plus
grand et plus épais que lui. Au contraire
de beaucoup d'avares qui, par économie,
portent les cheveux longs, il les portait
tantôt courts, tantôt longs; il pouvait de
cette façon, de temps en temps, avec les
fruits de sa tête, soit rembourrer un fau-
teuil trop usé, soit remplir un oreiller
trop mou. Il avait le front très haut et
très large et logés dessous, comme de
petits crabes sous de gros galets, des
yeux profonds, gris, ronds et perçants;
le nez était crochu, les oreilles longues,
la bouche pincée avec des lèvres petites
et ridées, le menton était pointu sous
une barbe rare, chichement frisée en de
certaines places, la peau était parche-
minée; des sillons creux partaient des
yeux et s'élargissaient vers les tempes,
des ailes du nez tombaient deux ravins
profonds en un accent circonflexe. Bref,

le tout ressemblait à une vieille figure séchée au grand soleil et piquée au bout d'un vilain bâton.

Ce sale vieux bonhomme avait, comme il arrive presque toujours dans ce cas, une femme grande, brune, douce, aimable, charitable et aimante. Je ne m'attacherai d'ailleurs pas à conter les beautés de son corps et la grâce de son esprit, mes lecteurs ne cherchent pas des frivolités dans mes livres.

Le sire de Pétecourt avait épousé la noble dame non seulement pour sa beauté, comme on le pense, mais parce qu'il lui savait encore une grande fortune en argent et aussi qu'elle possédait les cinq plus précieux diamants de France et de Navarre qu'un de ses ancêtres avait vaillamment volés, la nuit, à un noble gentilhomme de Saragosse, en Espagne, après l'avoir courageusement assassiné. Avec toutes ses richesses, la pauvre femme avait toute sa vie souffert de l'avarice de son mari dont elle n'avait, d'abord, jamais reçu la moindre caresse dans la crainte qu'un enfant gourmand naisse de leurs baisers. C'était donc à trente-cinq ans un ange très pur; ses lèvres étaient roses, et ses grands yeux bleus, avec leurs longs cils tremblants, ressemblaient à des ailes de libellules voltigeant au-dessus des eaux; et c'était vraiment pitié de voir une aussi noble et aussi jolie dame, vêtue, hiver comme été, d'une simple chemise de lin, pieds nus, avec, pour toute parure, une couronne en argent faux sur la tête. Le sire de Pétecourt n'avait jamais entendu qu'elle porte d'autre vêtement disant que c'était folie de cacher des trésors naturels sous la grossière étoffe des costumes d'alors. La pauvre femme demeurait donc ainsi, le long des jours, à la fenêtre de son manoir et, quand les rayons du soleil venaient l'entourer de lumière et jouer à travers les plis de sa chemise de lin, les paysans croyaient voir apparaître, tant elle était belle, la Sainte-Vierge toute nue. Du matin au soir, elle se trouvait exposée aux regards des cinq serviteurs composant le personnel domestique du château et, bien qu'ils fussent tous avancés en âge, il arrivait souvent au printemps, ou par les chaudes vesprées d'automne que leurs yeux se jettent avec complaisance sur les seins de la dame et en suivent voluptueusement les gracieux contours.

La pauvre femme avait eu dans sa vie de rares moments de plaisir. Elle se réjouissait, quand son beau-frère de Mangetout-Enunjour venait, selon le hasard des chasses, l'entourer de ses bras solides et lui donner l'illusion d'une caresse. Mais, le jour où elle apprit que le sire de Pétecourt la trompait avec une vachère de la prairie, moyennant qu'elle lui fournirait à crédit le lait nécessaire aux besoins du château, elle pensa mourir de joie, ayant au moins pour sa vie, la vengeance comme but. De longues années s'étaient écoulées sans que l'occasion de se venger convenablement ne se soit offerte, quand le hasard voulut donner satisfaction à la noble dame de la bizarre façon que je vais conter, et que le marquis de Mangetout-Enunjour se fit ensuite bien des fois répéter après boire.

II

Le matin du jour où se passa cette véridique histoire, le sire de Pétecourt dont le déjeuner de midi s'était composé d'un radis noir et d'un bol de lait, voulut se rendre compte de la façon dont se nourrissaient les cinq valets du château. Il vint donc dans la cuisine à l'heure ordinaire du repas. Sur une table de chêne où de petits trous avaient été creusés afin de recevoir les mets, les cinq serviteurs, Oli, Oland, Ola, Olu, Olo, mangeaient à pleine ventrée des épinards cueillis dans le jardin, à la rosée du matin. C'était une de ces belles purées d'épinards d'un joli vert tendre que nos peintres s'entendent si bien à imiter quand ils s'efforcent de nous donner l'illusion d'un tapis de verdure. Comme ce plat composait à lui seul le menu de leur repas, les braves gens s'en donnaient à ventre-joie et Oland, qui se trouvait être le plus grand et le plus barbu, s'en était tellement mis dans la barbe et dans les moustaches, qu'il ressemblait, en tous points, au dieu des fleuves dont les poils sont d'algues vertes et de fleurs de roseaux. Les autres, rasés selon la mode du temps, s'étaient seulement donnés le luxe de moustaches factices.

À cette vue, le sire de Pétecourt, dor. l'estomac quand même n'était pas satisfait, tomba dans une épouvantable colère.

— Comment se fait-il, tas de sacripants, que vous mangez mon bien de la sorte, alors que moi plus riche que vous, me prive, afin d'épargner quelques misérables écus. N'avez-vous pas honte de vous goinfrer ainsi des meilleures herbes de mon jardin, paresseux, qui dormez au soleil tout le jour, le long des haies de mon clos et regardez les nuages faire la course au lieu de cultiver mes terres ? Ah ! c'est fort bien, et puisqu'il en est ainsi, vous ferez désormais comme les bêtes des bois, rien qui vaille, et votre nourriture se composera de l'herbe de mes champs. Ah ! vous en voulez des épinards ; vous en aurez des épinards, et plus que votre soûl. J'ai des prés là-bas autour de mon château, vous y brouterez, voleurs, si cela vous plaît et bienheureux encore d'avoir de la si belle herbe où des vaches seraient tant à l'aise et me reviendraient, les soirs, les pis gonflés de lait.

Et, ce disant, le sire de Pétecourt, parcourait du regard les prés voisins où le printemps avait semé des décorations de toutes les couleurs et où le soleil vainqueur inondait de lumière les touffes de boutons d'or et de myosotis bleus. Ses yeux creux et verts se noyèrent de larmes à la pensée que cette valetaille mangerait des herbes si fraîches et si parfumées. Aussi revint-il sur ses paroles :

— Eh ! pour Dieu, cette provende est trop bonne pour vous. Je vous donne à manger à présent les roseaux de l'étang, rien de plus.

Et songeant comme les roseaux faisaient du bon fumier, il versa quelques nouvelles larmes de regret.

Oli, Oland, Ola, Olu, Olo, continuèrent de manger en silence leur portion d'épinards parfumés, burent chacun à la cruche une large gorgée d'eau et, en gens habitués à être malmenés, s'en allèrent digérer leur maigre repas à l'ombre des bois, où les abeilles bourdonnaient gaiement, en butinant le miel des fleurs nouvelles.

Le soir vint ; Oland coupa la tête tendre des roseaux, puisa de l'eau fraîche à la source, ceuillit des feuilles de thym et s'en retourna au château préparer le repas pour tous ; mais comme les roseaux demandent à être cuits longtemps et doucement, à petit feu, Oland, après s'être assuré que la marmite était assez pleine, alla de nouveau s'étendre au milieu des herbes, tandis que les rayons du soleil mourant jouaient à cache-cache dans la tête des chênes.

À la nuit cependant, la faim les poussant, les cinq compagnons regagnèrent le château à travers les sentiers herbus, déjà trempés de rosée et mis en appétit par le grand air s'attablèrent avec plaisir devant la marmite de roseaux cuits parfumés de thym.

Le malheur voulut que le sire de Pétecourt vînt leur rendre visite encore une fois afin de s'assurer si ses ordres avaient été exécutés et comme il sentait le fumet qui s'exhalait de la marmite, furieux, il les interpella de la sorte.

— Coquins, vous m'avez encore volé cette fois et j'arrive trop tard pour vous prendre sur le fait. Qu'avez-vous donc mangé qui sente si bon ? La maison est pleine de l'odeur de votre festin. Allez, je vous chasse ; les routes sont longues, vous les courrez à la recherche d'un autre maître qui sera le diable s'il vous plaît, ou mon frère, qui le sera plus tard, et se targue d'avoir table ouverte à toutes les misères.

Les pauvres gens ne voulurent pas en entendre davantage et, de peur de recevoir des coups de trique, s'enfuirent à travers bois, Olu le premier, les autres derrière et Oland le dernier avec, dessous le bras, la marmite à moitié pleine.

IV

Quand ils arrivèrent au château du sire de Mangetout-Enunjour, il faisait nuit serrée, comme disent les bons paysans de Champagne dans leur rude et poétique langage. De petites étoiles clignotaient au fond des cieux, mais en revanche les fenêtres du château étaient illuminées par la lueur des torches, et des chansons s'envolaient des tourelles à travers la plaine silencieuse, comme des hirondelles de leur nid. C'était soir de fête. Dans la grande salle à manger, le marquis de Mangetout-Enunjour trônait au milieu d'une table chargée de victuailles : lapins rôtis, poulardes, saucissons fumés, truites saumonées et cru-

chons remplis des vins du meilleur crû.
Le repas touchait à sa fin : les trognes
étaient enluminées et comme on était au
printemps, de belles et larges gouttes de
sueur perlaient sur les figures ainsi qu'il
arrive fréquemment après boire et après
manger. Un jeune homme, maigre et
pâle, avec de longs cheveux blonds cou-
pés droit sur le front et des yeux bleus
racontait, avec un sourire dédaigneux
aux coins de la bouche, des histoires
graveleuses ; le marquis de Mangetout-
Enunjour riait à gorge déployée quand
parfois un gros mot soulignait une pensée grivoise. Cependant, un valet vint
lui dire que les cinq serviteurs de son
frère se trouvaient à la porte et lui de-
mandaient de quoi souper, de la paille
pour se coucher et sa bénédiction.

— Ah ! vraiment, fit-il, ma bénédiction, n'ont-ils pas déjà celle de mon
frère, c'est le seul cadeau qu'il fasse généreusement ; mais nous allons rire un
peu avant de nous coucher. Qu'on les
amène.

Aux rires de tous les assistants, les pauvres gens, Olu, Ola, Olo, Oli, Oland, piteux, gênés, éblouis par la clarté rougeâtre des torches, mal vêtus, entrèrent l'un après l'autre, à la queue leu-leu, dans la salle à manger, Olu tout petit toujours en tête, Ola, Olo et Oli par derrière et Oland le plus grand, tenant la fameuse marmite à la façon d'un casque ; et les rires redoublèrent encore quand les figures furent bien en vue sous les lumières.

Olu se tenait la tête entre les mains, les yeux lui sortaient des orbites, la face était congestionnée, le pauvre homme paraissait atrocement souffrir d'un mal de dents. Ola, Oli et Olo, eux, se tenaient le ventre, se démenaient à qui mieux mieux, tantôt sautant sur un pied faisaient de multiples contorsions, tantôt ressemblaient à des tire-bouchons tant leur corps paraissait agité par les symptômes d'une colique prochaine. Oland qui n'avait qu'un bras de libre, à cause de sa marmite, portait sa main gauche à son derrière, comme les gens du monde la mettent par politesse devant leur bouche quand ils ressentent le besoin de bâiller en public. Et c'était en effet un spectacle comique que celui de ces cinq personnages : pourtant, le marquis de Mangetout-Enunjour ressentit de la peine à voir souffrir ces pauvres gens et leur demanda la cause de leur mal : aucun d'eux n'eut la force de parler tant sa souffrance était violente. Alors, ne sachant plus que penser, le marquis de Mangetout-Enunjour fit approcher Olu, et, à la risée de tous, le pauvre diable lui fit comprendre qu'il avait dans la bouche quelque chose d'insolite et qui le torturait abominablement.

— Ouvre ta bouche, fit le marquis !

Olu ouvrit la bouche toute grande. Des milliers de reflets, comme en donnent sous les lumières, les boutiques des joailliers, en jaillirent aussitôt ; des flots de scintillements bleus, roses et violets sortaient du fond de sa bouche noire comme le fond d'un puits et l'on eut pu croire que le vaurien avait saisi la queue de l'arc-en-ciel avec ses dents.

Les nobles gens de la société se rapprochèrent du marquis, et, à l'étonnement de tous, ce dernier retira de la bouche du manant un des plus beaux diamants que l'on eut jamais vus, lequel, logé dans la plus grosse dent creuse, était pour le moins aussi gros qu'un œuf de pigeon ramier.

Sitôt l'extirpation terminée, Olu poussa un long soupir de soulagement et comme le marquis de Mangetout-Enunjour, ahuri de cette aubaine, lui demandait d'où lui venait ce caillou :

— Je n'en sais rien du tout, répondit-il.

Et l'étonnement fut à son comble quand Oland, invité, lui aussi, à expliquer son mal, fît comprendre par gestes qu'il devait avoir, mais dans l'autre bouche, un semblable caillou qui le faisait souffrir.

Ola, Oli et Olo, tapèrent du doigt sur leur ventre et firent comprendre par leurs gestes que leur douleur devait aussi provenir de la même cause.

— Tonnerre de Dieu, s'écria le marquis, mais c'est la colique du ciel qui souffle chez nous. Donnez-vite à ces gens de quoi se satisfaire, ils ont en eux de quoi racheter la Terre-Sainte et le tombeau du Christ.

Après quelques instants d'absence, en effet, les quatre serviteurs rentrèrent dans la salle à manger avec chacun, dans la main, un diamant semblable à celui que le marquis avait extirpé de la bouche d'Olu.

Et ce fut à l'ébahissement des seigneurs qu'Oland raconta comment le sire de Pétecourt leur avait donné à manger les roseaux de l'étang, comment il les avait renvoyés du château, comment ils étaient venus dans l'espoir de trouver un gîte et comment ils avaient été tous les cinq indisposés de la sorte.

Or, après avoir examiné les diamants de plus près, le marquis de Mangetout-Enunjour ajouta :

— Messeigneurs, si les fées règnent encore sur nous, ce doit être un tour de leur façon ; en tous cas, sans chercher d'autres explications à ce fait extraordinaire, remercions le ciel qui conduisit vers notre demeure de tels ânes crottant de telles crottes et buvons tous à leur santé.

Ce disant, il vida une coupe de vin blanc et fit servir les restes du repas aux domestiques de son frère, qui, tous ensemble, excités par les vapeurs du vin, s'ingéniaient en de fantastiques explications en se badigeonnant les joues jusqu'aux oreilles avec la sauce des plats.

V

Je n'ai jamais voulu qu'une fée mît le pied dans mes contes, car le lecteur ne se laisse plus prendre à ces facéties banales dont les écrivains se servaient autrefois quand ils ne savaient comment sortir des embarras où leur esprit les avait poussés. Les grandes personnes d'à présent n'ont que faire des fées, les enfants eux-mêmes n'y croient plus et le temps est proche, où les ânes, en braillant, chanteront au restant du monde qu'eux non plus ne sont pas trompés.

Cela m'est bien égal, mais, quand même, c'eût été joli de pouvoir faire entrer en scène une petite fée toute menue, toute rose, toute nue, avec des yeux couleur des bluets, des cheveux couleur des chanvres et des lèvres couleur des roses-trémières. Et cette petite fée eût, de sa baguette d'or, fait passer les diamants du sire de Pétecourt dans la purée de roseaux, afin de le punir de son avarice.

Bernique !

Il était arrivé tout bonnement que la noble dame de Pétecourt avait trouvé l'occasion tant désirée de se venger de son mari ; ayant découvert la cachette où ce dernier avait enfoui son précieux trésor, elle l'avait tout bonnement jeté dans la marmite de roseaux parfumés de thym, et par le fait du plus grand des hasards chacun des serviteurs en avait avalé sa part.

On sait le reste à présent.

Le sire de Pétecourt mourut de douleur le lendemain, puni de son incurable avarice. Sa femme se maria quelque temps après avec le sire de Mangetout-Enunjour auquel elle apporta en dot les fameux diamants. Quant aux braves serviteurs, ils moururent à des âges très avancés ; Olu mourut le premier à cent ans et quatre jours, Oland le dernier à cent cinq et quatre mois ; sa barbe était devenue si longue que les oiseaux, au printemps, cherchaient à y faire des nids, quand il dormait près des roseaux, à l'heure où le soleil joue à cache-cache dans la tête des chênes.

La Luxure

LA LUXURE

I

Il y a des jours où l'on a l'âme joyeuse parce qu'on s'est levé avec le beau soleil, le ciel bleu et des parfums dans l'air. Si les acacias vous lancent un peu de leur odeur en secouant au vent leurs cheveux blancs, si les hirondelles sifflent, si par delà les arbres on sent des chansons rouler sur la tête des blés, il vous vient des idées gaies.

Il est certain que le Diable se leva de bonne humeur le jour où il fit ce que je vais conter.

A son réveil, les flammes de son éta-blissement léchaient-elles les fesses rebondies d'une pécheresse ou les seins rosés d'une nonne morte en mauvaise grâce; son premier coup de fourche perça-t-il la bedaine d'un avocat envoyé là de la veille ou le crâne d'un notaire très maigre quoique voleur. Je ne le veux savoir. Toujours est-il qu'un rictus imitant le rire autant que le derrière d'un pauvre homme ressemble à celui d'un moine, donnait à sa figure un aspect quasi aimable.

Il se frottait les mains, humait l'air, cherchant partout comment il pourrait s'amuser en diable. Certes, les tours à jouer ne lui manquaient pas, et les effluves printanières qui montaient de la Terre, au lieu de lui mettre de la poésie dans l'âme excitaient encore ses mauvais instincts

Tout à coup un rire satanique s'éleva. Les flammes s'élancèrent plus majestueuses et plus hautes, et, d'un coup de ses ailes de chauve-souris, à cheval sur un tourne-broche, le Diable se laissa tomber vers la Terre, à travers les cieux.

II

En pleine Champagne, sur un coteau
où poussent encore des grappes noires
et blondes, d'où l'on voit s'étendre au
loin des champs de seigle et de blé, il y
avait un couvent (car ceci se passait il
y a longtemps ; je suis plus à mon aise
pour vous raconter mes histoires en les
reculant de date, je n'ai pas l'air ainsi
d'être le menteur mais bien celui qui
me les a contées, s'il en est un).

Donc, c'était un beau couvent de
moines et de nonnettes bâti sur le roc et
comme taillé à même. On disait dans le
pays que celui qui l'avait fondé était
devenu pape à cause de ce fait et à

4

cause d'autres couvents dont il avait doté son ordre.

C'était un fort saint homme qui demandait de l'argent à tout le monde en disant : Qui me prête donne à Dieu ; aussi quand il fut son représentant sur terre, il fit ce que lui-même eut fait et ne rendit pas l'argent.

Aussi le couvent dont je parle et qui s'appelait l'Abbaye des Nonnes-Fleuries était-il entouré sur les côtés et sur le derrière de magnifiques et vastes forêts où couraient sangliers, lapins, biches, cerfs, faisans et un tas d'autres animaux dont la chair succulente servait de nourriture aux moines. Comme il se trouvait parmi eux de grands médecins (ou du moins des gens qui auraient pu le devenir s'ils n'avaient préféré renoncer aux subterfuges de la médecine) ils corrigeaient l'échauffement que produit la viande de gibier par la chair des brochets, truites et carpes, dont la rivière entourant l'abbaye était remplie. Ils élevaient aussi des porcs pour manger en dehors du Carême, des dindons, des poules et autres volatiles pour se nourrir les jours autres que le vendredi. Ils possédaient encore une grande prairie où ils élevaient des animaux exotiques, dont ils mangeaient la chair, les jours où Dieu a le plus besoin d'être loué dans ses œuvres.

J'oublie le potager où poussaient les meilleurs légumes pour mettre autour des viandes et dont les moines se nourrissaient fort peu, parce que s'étant adonnés à un travail tout de tête, les viandes profitent bien davantage à la matière cérébrale.

Les règles de l'Ordre défendaient aux moines de boire du vin, mais ils avaient planté des vignes hautes et fermes dont ils tiraient une liqueur spéciale qu'ils travaillaient en y ajoutant des produits que je ne connais pas et dont je ne saurais expliquer la provenance. Cette liqueur, qu'on a depuis appelée tisane de Champagne, était leur boisson journalière. Ils remplaçaient le vin tant bien que mal, surtout qu'ils étaient fort peu regardants sur leur manière de vivre. Ils travaillaient aussi le résidu des raisins, en faisaient de l'eau-de-vie dont ils prenaient jusqu'aux côtes de leur verre à boire, après manger, afin de digérer plus vite et se remettre au travail de meilleure heure.

Ils buvaient et mangeaient avec les nonnes, à la même table, un moine, une nonne, comme on voit se ranger les gens les jours des noces. Il devait toujours y avoir dans l'Abbaye des Nonnes-Fleuries deux cents nonnes et deux cents moines ayant prononcé leurs vœux de chasteté. Cette loi, qui pourrait en notre siècle paraître bizarre, était faite dans ce but qu'en arrivant au ciel les moines et les nonnes eussent une somme de mérite plus grande, pour s'être trouvés toute leur vie avec des personnes d'un autre sexe et avoir, quand même, gardé la fleur liliate de leur chasteté. Il est fort certain que cette manière de voir était la bonne et que les moines cloîtrés entre quatre murs, n'auraient-ils pas juré devant Dieu de garder leur vertu, arriveraient quand même devant lui en très bon état.

Seulement, il en est des moines comme des autres hommes et il advient parfois que, malgré tout, la nature reprend ses droits. Car il faut être bougrement sûr de soi-même pour jurer vivre près d'une nonne de vingt ans sans y toucher davantage que si c'était une bouteille vide. Ah! si l'on avait mis une nonne recroquevillée et sentant la vieille femme avec un moine ardent et beau; si l'on avait mis un moine vieux, bossu, édenté et maigre de partout avec une nonne fleurie! Mais je vous entend; c'eût été par trop facile, et où serait donc le mérite pour une jeune nonne de ne pas tenter un vieux laid, sale, moine? Non, non, si l'on fait des vœux, c'est tant pis pour soi, ou bien alors on fait comme moi et l'on se damne à écrire des contes.

III

Je veux d'ailleurs prouver par un exemple ce que je viens de dire et je voudrais devenir maigre à pouvoir embrasser une bique entre les cornes plutôt que de m'en dédire.

Il y avait donc au moment où se passe mon histoire deux personnages fort intéressants dans l'Abbaye des Nonnes-Fleuries. L'un était le père Rozier, l'autre la nonne de Sainte-Luce.

Le père Rozier avait la plus belle mine d'homme qu'on ait jamais vue de Reims à Chaumont. Il avait grande allure, de larges épaules, un ventre où les ménagères de vingt villes eussent pu piquer leurs aiguilles et, sous sa soutane, on eût

pu voir à certains retroussis que le bâton
de maréchal pouvait échoir aux moines.
Il avait des cheveux longs qui servaient
de cadre à une trogne rouge, enluminée
belle à voir, qui sentait le vin à fleur de
peau et l'estomac solide, un front digne
et un nez (oh le beau nez) que nous pour-
rions comparer de nos jours à une croix
d'honneur au milieu de la figure. Il avait
la bouche juste assez large pour y mettre
un grand verre et son menton était rasé
de frais afin que la barbe ne trempe pas
dedans. C'était sûrement le plus beau
moine de l'Abbaye des Nonnes-Fleuries
où il remplissait les hautes fonctions de
caviste et d'échanson, car avant de se
donner à Dieu il avait travaillé pour être
magistrat.

Vous pensez bien qu'on dut donner à
un moine aussi beau, aussi rouge, et
aussi distingué par la délicatesse de ses
fonctions, la plus belle nonne de l'Abbaye afin qu'il pût, par ce fait, gagner
quelque mérite à ne pas se laisser aller
hors de ses vœux.

Le moine-abbé qui s'y connaissait pour avoir fort longtemps lutté, lui avait donné pour compagne de table, de prière, de travail et de lit, la nonette de Sainte-Luce. C'était une jeune fille dont la figure ressemblait à celle des Madones du temps passé. Je ne veux pas vous la décrire de partout ! Il me faudrait tremper ma plume dans l'arc-en-ciel et dans du lait. Elle portait les cheveux longs et blonds. Son visage était d'un ovale parfait, son teint était mat avec des roseurs dessous la peau. Elle avait les sourcils et les yeux d'un noir violet ; son nez était petit quoique droit et surplombait une bouche fine et peu marquée. Le bon Dieu qui l'avait sculptée s'était montré grand artiste ; il avait dû l'embrasser après, car elle sentait bon comme doivent sentir les anges, à moins que je ne me trompe.

Dans la marche, son corps se dessinait sous la robe ; des hanches jusque la cheville, c'était une courbe merveilleuse. Tout cela, cependant, n'était rien en comparaison de ses seins. La nonne de Sainte-Luce avait en effet des tétons ronds, blancs et si parfaitement terminés par une tétine rose, qu'à chaque instant, le bout de ses seins crevaient son corset. Soit de se frotter contre le prie-Dieu, soit de les appuyer contre le pain en le coupant, soit de se baisser pour embrasser la terre, soit de lever le coude trop rapidement pour vider son verre, crac, les tétons crevaient l'étoffe et, comme de petits curieux, venaient prendre l'air à la porte et respirer le frais.

La pauvre petite nonne était bien triste, car la supérieure qui n'avait plus que des tétons de vieille lui battant le ventre et dansant la ronde, lui fit savoir un beau jour qu'elle ne gagnerait jamais le ciel de cette façon, que d'ailleurs tout son temps se passait à racommoder ses habits à la place des seins et patati, et patata.

La pauvre nonne y cousut du cuir ; mais un soir de printemps que la sève monta, les tétons gonflèrent et le cuir craqua.

La nonne de Sainte-Luce, à bout de ressources, s'en alla trouver le moine Rozier, afin de savoir comment on faisait quand on avait les tétons si fermes.

IV

Le moine Rozier était, en ce temps-là, le plus saint moine de l'Abbaye des Nonnes-Fleuries. Il y jouissait d'une grande réputation à cause de son bel appétit et de sa pieuse dévotion, et en qualité de compagnon de la nonne de Sainte-Luce, il en était le confesseur et directeur spirituel.

Donc la nonne lui expliqua comment la supérieure lui défendait de laisser pointer le bout de ses seins et le moine Rozier qui, depuis beau temps, avait remarqué la chose, rassura la nonne de son mieux et lui conseilla bien au contraire, et puisque telle était la volonté de

Dieu, de donner à ses seins une entière liberté.

La nonne de Sainte-Luce remercia son confesseur et de retour dans sa chambre découpa dans sa robe deux petits trous par lesquels les seins devaient s'échapper de leur prison de bure.

La sœur supérieure, qui, comme je l'ai déjà dit, avait les tétons ballants, cria très haut, mais le moine Rozier cria plus fort, tous les moines crièrent plus fort, si bien que les nonnettes jeunes et bien faites suivirent l'exemple de la nonne de Sainte-Luce.

Et ce fut dès lors un spectacle charmant. Les petits seins s'en donnaient à cœur joie. Il y en avait de ronds, fermes et appétissants, ornés de larges cercles bruns ; de petits, mignons comme ceux des jeunes filles et gros comme la moitié d'un citron de Nîmes ; il y en avait de pointus comme des poires ; d'autres plus larges, mieux assis sur une base plus soide, beaux à l'œil, doux au toucher.

Mais le pauvre moine avait, comme

dit Rabelais !. pété plus haut que le derrière. Il pensait se réjouir la vue seulement et résister à toute tentation de la chair. Hélas !

Le jour de la Trinité, jour où les moines boivent le vin blanc à larges goulées, le moine Rozier ne laissait pas sa part aux autres, portant beau avec sa barbe blanche traînant dans la sauce des plats. Cette année là, il avait la figure plus rubiconde encore que les autres années, avec de beaux tons violets autour du nez et des espèces de petits canaux rouges sous la peau, qui lui zébraient les joues et les vermillonnaient. La nonne de Sainte-Luce crut qu'il avait attrapé une congestion en chantant au salut du soir. Aussi, de retour dans leur cellule commune, le déshabilla-t-elle et l'embrassa comme on embrasse les saints, en priant le Bon Dieu de lui ténir grâce.

La nonne de Sainte-Luce n'avait jamais déshabillé le bon moine qui ne s'était jamais tant fatigué aux vêpres. Elle lui enleva comme elle savait, sa soutane, ses chausses, ses sabots et sa chemise de toile. Je ne vous dirai pas son étonnement devant le moine Rozier, nu comme un verre vide ; mais elle eût comme un petit frisson très doux, qui, filant de la tête aux pieds, lui fit en passant rentrer gentiment le ventre. Elle n'eut pas peur davantage et se dit que les saints étaient probablement bâtis de la sorte. Elle plaça le moine dans le petit coin, se déshabilla, se coucha, en priant selon son habitude le bon Dieu de ne pas l'induire en tentation et le petit frisson durait toujours, persistant. A bout de forces elle s'endormit, blottie contre le moine Rozier et fit des rêves roses.

Excité sans doute par les vapeurs du vin et les chants liturgiques, le moine ressentit aussi un drôle de frisson au contact de la chair veloutée de la nonne de Sainte Luce. Comme il était de forte taille, bâti comme un chêne, gros, gras, large et bien membré, ses esprits s'éveillèrent vite et pour ne pas vous en dire trop

long, il fit, en trois heures de nuit, tellement l'inventaire de la nonne de Sainte-
Luce, qu'il eut dû, en notre temps, se faire
payer sur quintuple vacation. La petite
nonne, en rêve, embrassait les anges et ne
se souvenait pas d'être jamais tombée,
même en prière, en pareille extase !

Aussi quand l'aube parût, carillonnant
ses cloches de rosée, longtemps après
l'heure des matinales prières, elle dormait encore, les lèvres fraîches des derniers baisers.

Le moine Rozier dormait étendu sur
le ventre, la figure dans l'oreiller, le cul
en l'air et montrant des fesses grosses
comme des poires de livre.

VI

De mes écrits doit ressortir une morale pure. Je veux que les grandes personnes auxquelles je m'adresse, puissent à leur lecture, changer de sentiments et être à jamais détournées du péché dont je parle.

Méditez bien ce que vous allez lire. Vous en porterez ensuite des nouvelles à vos amis ; et pour vous, si cela ne vous enlève pas l'envie de commettre le péché de luxure, cela vous donnera, du moins, l'idée de vous en repentir aussitôt, en même temps, au besoin, afin que vous soyez en règle avec votre conscience.

Peu de temps après que la nonne de

Sainte-Luce fut sortie de ses rêves, le ciel s'obscurcit, le tonnerre gronda, les éclairs sillonnèrent la nue. On entendit dans les airs des hululements de chouettes, des entrechoquements de marmites, comme des pets de géants, nombreux, sonores, des rires qui sonnaient comme des glas ; les maisons s'agitèrent ; un coup de vent fit tinter les cloches des églises, les lumières s'éteignirent, et dans le ciel tout noir, parut, à cheval sur un tournebroche, étincelant, le Diable !!

Des langues de feu sortaient de ses yeux, de son nez, de l'extrémité de sa queue. Ses cheveux étaient des fourches et il portait en bandouillère sur ses épaules nues un soufflet de forge.

Autour de lui volaient des gnômes, papillonnaient des bêtes ventrues, qui vomissaient des flammes vertes.

Tel un vampire, le Diable s'abattit sur le couvent des Nonnes-Fleuries, pénétra dans la cellule où reposait encore le père Rozier, la bouche sur l'oreiller et les fesses tendues.

Avec un rire mauvais et en grinçant des dents, il visa d'un œil habile le derrière du moine où le soufflet fut bientôt planté comme une flèche au milieu de la cible, puis le soufflet de forge souffla ! Il souffla !!

Le pauvre moine fut vite gonflé comme une outre d'Espagne où un biniou de Normandie. Comme il avait la tête enfoncée dans l'oreiller, le courant d'air ne pouvant se produire, en un instant, il mourut. Le Diable, mis en gaité, s'assit à cheval sur le dos du moine, afin de le dégonfler en prouts irréguliers et, quand l'âme du défunt vint à passer, il l'embrocha.

VI

Ceci, bien entendu, fut l'affaire d'un instant. Les moines et les nonnettes étaient dans les transes de la peur et de l'effroi. Puis le soleil reparut, les cloches cessèrent de s'agiter sous le vent : on put apercevoir dans le lointain des cieux au milieu d'un nuage noir Satan regagnant l'Enfer à cheval sur son tourne-broche au bout duquel balançait l'âme du pauvre moine.

Sûrement cette âme fut brûlée, n'en parlons plus.

La nonnette de Sainte-Luce mourut quelques temps après d'une maladie de langueur, après avoir cherché dans ses

prières, mais inutilement, à revoir les
anges. D'ailleurs, peu à peu ses petits
tétons s'étaient affaissés et le reste à
l'avenant. Aussi lui avait-on donné,
en remplacement du moine Rozier, un
vieux moine rabougri, qui buvait de
l'eau et ne chantait pas plus fort à ma-
tines qu'aux offices du soir.

L'Envie

L'ENVIE

I

Depuis des jours et des jours la mer était calme. Elle venait paresseusement lécher les côtes normandes, se briser doucement contre les hautes falaises, avançait, reculait, méthodique, laissant à peine derrière elle, accrochées au dos des galets, quelques unes des franges de son manteau vert; et chaque matin, de clairs rayons de soleil venaient guimper le sommet des vagues, bleuir un peu la ligne de l'horizon lointain.

Dans le port, sur leur barque mollement balancée par la marée haute, les

pêcheurs de « la douce Clary » mâchon-
naient entre leurs dents les restes de
leur cigare et réparaient leurs filets. Ils
étaient quatre et tous les quatre avaient
l'air de gens dont les affaires s'obstinent
à ne pas aller droit. Depuis quinze
jours, leurs filets relevés n'étaient lourds
que d'algues mortes et de cailloux
multicolores. De vilaines seiches, tout au
plus bonnes à aiguiser le bec des serins,
des limandes grises et plates, étaient
seules amenées par le flot trop léger dans
leurs filets vides. Assis mélancolique-
ment sur les planches de leur barque, les
jambes écartées, leur grosse tête rouge
penchée sur leur travail, ils rêvaient. Ils
rêvaient aux nuits d'orage où la mer dé-
montée va fouiller ses profondeurs inconnues et secrètes, en tire les lourds
poissons qu'elle jette généreusement
dans leurs lacs; ils trouvaient le soleil
trop chaud, l'air trop parfumé; leurs na-
rines s'entr'ouvraient au souvenir des
vents frais du large chargés de cette
odeur de poudre que laisse après lui

l'orage, et leur peau tannée, recuite, hàlée, avait soif des larges gouttes de pluie qu'ils plaquaient sur leurs figures impassibles. Jean-Marie Rebec, patron de la barque, était un homme grand, gros, et large d'épaules. Il avait une figure rougeaude avec des trous partout, son front était petit et ridé comme une pomme cuite; d'énormes sourcils volaient au-dessus de ses petits yeux avides qu'il tenait toujours à moitié fermés; il avait un large nez épaté et dessous, une bouche sans dents fendue jusqu'aux oreilles, avec des lèvres minces et pincées et qui s'ouvrait comme celle de ses poissons; et il avait un gros ventre ballotant sous son maillot marron. Le patron Jean-Marie Rebec était debout au milieu de sa barque et, les bras croisés, regardait obstinément la mer avec des yeux rageurs et envieux. L'entrée du port était blanche sous la pesante clarté du soleil, et là-bas, tout là-bas dans la brume, des voiles passaient lentement et disparaissaient sans bruit comme de petits bateaux fantômes. Après avoir pendant huit jours fait réciter des prières à sa femme et à ses filles, à l'heure de la pêche, et porté des fleurs nouvelles, béret à la main, cheveux aux vents, tête baissée, aux pieds de la statue de Notre-Dame-des-flots, perchée sur le sommet de la plus haute falaise, Jan-Marie Rebec avait envoyé au diable, la vierge et les saints du paradis, avait juré après le ciel, lui avait montré le poing et des remous de colère lui étaient montés aux lèvres. Ses quatre compagnons, eux, sifflaient des airs mélancoliques; plus résignés et plus doux, ils espéraient de meilleurs jours et les flots joyeux et miroitants venaient mettre des reflets dans leurs grands yeux glauques et pensifs. Jan Malin, le plus jeune et qui louchait, seul, rassurait, de temps en temps, par une bribe de chanson qui s'envolait rejoindre celle des alouettes et des hirondelles.

Or, un jour, à leur réveil, les matelots furent étonnés de voir au milieu du port

une barque merveilleuse. Elle était
petite ; le flot jouait avec et la soulevait
comme une esquille de bois, elle allait et
venait souple, obéissante aux remous des
flots, mignonne comme un berceau d'enfant. Elle était longue, blanche et fine,
mais si blanche et si fine qu'on voyait
au travers ; ses cordages étaient de fils
d'or et d'argent entrelacés, ils ressemblaient aux fils de la Vierge qui s'accro-
chent aux branches des arbres à la fin de
l'été, avec lesquels l'automne tisse le linceul des derniers beaux jours ; la plus
grande et la plus élevée de ses voiles,
celle du milieu, était rose pâle, couleur
d'amour et de sagesse ; elle était mince et
frêle comme les pétales des roses grim-
pantes dont elle avait la transparence et
la légèreté ; celle d'avant était d'un rouge
si intense que les yeux avaient peine à le
supporter, les rayons du soleil la traver-
saient comme des vitraux d'église, et avi-
vaient de couleurs sanglantes les eaux
miroitantes de la mer. Et ce rouge écla-
tant était la couleur de la Charité. La

voile d'arrière était d'un vert foncé, comme celui des roseaux des étangs, c'était la voile d'espérance. Les mâts étaient en ivoire ; les clous en or et la tête des clous en pur diamant. On ne voyait personne sur la barque étrange et merveilleuse ; seuls, les filets jaunes et neufs indiquaient que c'était une barque de pêche attendant dans le port l'heure propice au départ.

Jan Malin, qui sortait de boire la goutte à l'auberge des Naufragés-Vivants, fut ébloui d'un œil à la vue de cette nouvelle barque ; il ne put s'empêcher d'exprimer son admiration, selon son habitude, en s'arrêtant, en se croisant les bras, en haussant les épaules et en jurant : nom de Dieu. Vinrent Yvon Lamballe, le grand maigre qui chiquait, Jan Futaille, qui prisait, et Jacques Triport qui fumait. Tous ressentirent le même sentiment d'admiration et tous s'exprimèrent de la même façon. Après quoi ils descendirent dans la Douce-Clary par l'échelle de fer et se mirent à la besogne, l'un louchant, l'autre prisant, les autres chiquant ou fumant.

Il n'en fut pas de même de Jan-Marie Rebec, qui passait depuis des années pour posséder le plus bateau de pêche du port. Du plus loin qu'il l'aperçut, il grommela; et ce ne fut pas parce qu'il trouvait en elle un concurrent pour sa barque, radoubée, rapiécée, ébréchée sous l'effort des vagues mangeuses et gourmandes de ce qui passe et vit sur son dos humide et câlin. Ce fut, dès le premier coup d'œil, cette beauté de la barque nouvelle qui lui fit lever l'oreille, et les filets neufs, solides, légers, lui firent envie. Il regarda les siens, sans cesse raccommodés par ses matelots, et quand même, sans avoir le désir de posséder le beau bateau blanc, les voiles roses et rouges, et sans qu'il sût pourquoi, il aurait bien voulu voir tout de suite la barque au diable, engloutie à jamais dans la tombe mouvante des flots.

Cependant, sur le soir, quand l'heure

de quitter le port fut venue, le ciel
s'obscurcit, le vent s'éleva. De gros
nuages noirs, accumulés, semblaient
déverser de l'autre côté de la mer
comme le trop plein d'un sablier rempli
de sable noir. Des éclairs sillonnaient la
nue et venaient se refléter en grands zig-
zags clairs dans l'eau verte et épaisse où
les vagues roulaient leurs têtes blanches,
éblouissantes sur le fond noir de l'horizon. La nuit tombait lentement, lentement; et la mer rugissait sourdement
comme à l'approche de ses colères.

— Ça va bien, dit Jan Malin !

Et ses yeux rirent un peu sous les
épais sourcils.

Quand la nuit fut venue, la barque
étrange glissa doucement sur les vagues,
lumineuse; et, à l'arrière, tenant le gouvernail d'ivoire, deux femmes, revêtues
de tuniques blanches, la guidaient au
milieu des flots dans l'immensité noire.

La « Douce-Clary » la suivait de près.

II

Le lendemain matin, la Douce-Clary rentra dans le port chargée de poisson. Jan-Marie Rebec sifflait un vieil air normand et supputait le fruit de sa cargaison. Jan Malin, amoureux d'une vachère, calculait combien il ajouterait à son pécule, et s'il ne pourrait pas, en outre, acheter une coiffe neuve à sa belle. Cependant, au fond du port, déjà rentrée, la barque blanche se balançait doucement; les filets étaient déjà secs malgré l'heure matinale, le pont était propre comme un sou neuf et les cordages pliés en rond comme des boudins d'Etampes. Dans de larges paniers d'osier les poissons gisaient : des turbots énormes, des langoustes magnifiques, des anguilles plus grosses que des câbles, et des soles, et des merlands, et des harengs, et des thons, et des vives.

— Regardez-moi ça, ne put s'empêcher de dire Jan-Marie Rebec, avec leur sale petit bateau de rien du tout.

Et pour se tromper soi-même, il ajouta :

— Comprend-on pas que l'on soit assez fou de se risquer en mer avec une saleté pareille; des voiles que je ferai craquer rien qu'en pétant dessus, avec des mâts comme des andouillettes; on voit bien que ce sont des femmes et quelles femmes, probablement?

— Allez donc, souffla Jan Malin, laissez le monde tranquille, puisque votre pêche est bonne.

— Et, tonnerre de Dieu, oui, la pêche est bonne. J'm'en fous de leur pêche. La mer est grande et ça n'est pas leur petit bateau qui mangera tout ce qu'elle a dans le ventre; il en restera toujours assez pour Jan-Marie Rebec, et, tonnerre de Dieu, oui. Ce n'est pas ça qui m'agace.

Et Jan-Marie Rebec montrait du doigt le petit bateau léger qui lui faisait tant envie, qu'il eut été si fier de gouverner et qu'il aurait si bien voulu ne plus jamais revoir. Et quand, la nuit, les vagues courroucées l'avaient forcé de se coucher à plat ventre dans son bateau, il pensait avec bonheur que la petite barque blanche était trop faible pour résister au flot et qu'à cette heure, peut-être, ses voiles roses, vertes et rouges s'abattaient sous les efforts de la tempête et surnageaient sur la crête des vagues comme de grands oiseaux morts aux ailes étendues. Jusqu'à l'entrée du port il avait été joyeux ; il redevint triste et rêveur à la vue de la barque étrange. Quelque chose de méchant, décidément, avait germé dans sa tête énorme, derrière son petit front plissé, où l'Envie avait bâti son trône.

— Faudra qu'ça change, avait-il
dit.

— Oh ! vous avez bien tort, patron,
avait répondu Jan Malin, puisqu'il y en
a encore de plus beaux.

III

Néanmoins, depuis le jour où la barque blanche était venue s'amarrer dans le port, Jan-Marie Rebec avait remarqué que la pêche était de plus en plus abondante et le temps de plus en plus propice. Malgré tout, quelque chose tourmentait Jan-Marie Rebec.

Or, un dimanche dans la vesprée, comme on ne devait prendre la mer que le soir, vers minuit, Jan-Marie Rebec réunit ses compagnons au cabaret des Naufragés-Vivants, sur le port, et leur parla de la sorte :

— Depuis trois jours j'ai de drôles d'idées en tête, et, ma foi, j'ai voulu vous en parler aujourd'hui. Il y a en face, là-bas, un bateau qui me paraît louche ; il appartient à des inconnues, il est trop beau et je vous dirai tout net qu'il m'embête, et je ne sais pas pourquoi, mais je voudrais le voir au diable. Il a l'air de narguer le monde, avec ses voiles de soie, ses cordages d'argent et ses mâts d'ivoire ; et il a l'air aussi de se moquer des pauvres marins que nous sommes, ça n'est pas, bien sûr, pour les poissons que cet espèce de bateau nous vole que le désir me vient de nous en débarrasser, mais décidément, çà me taquine d'avoir sous les yeux cette barque blanche où personne ne cause et paraît s'apercevoir de notre présence. Après tout, si nous la supprimions personne au monde n'en saurait rien ; nul ne sait d'où viennent ces gens-là, nul ne s'occupe du lieu où ils se rendent ; ils seront partis, et voilà tout, mais si vous voulez m'en croire, le vent qui les poussera ne viendra pas du ciel.

— Qu'en dites-vous, compagnons ?

Yvon Lamballe hocha la tête.

Jan Futaille et Jacques Triport, les coudes sur la table, regardèrent leurs verres sans rien dire.

Jan Malin dit :

— Vous ferez ce que vous voudrez, Jan-Marie Rebec, quant à moi, je ne me suis pas loué pour cela, ça n'est pas bien, je m'en vais.

Et Jan Malin monta sur la falaise, cueillit des menthes sauvages, des fleurs de chicorée amère, des pavots et des marguerites, et comme il apercevait au loin le petit bateau :

— Sont-ils bêtes, d'en vouloir à ces deux femmes d'avoir une si jolie barque. Ça ne fait pourtant de mal à personne et ça ne leur rapportera rien quand ils l'auront perdue.

Puis, tournant le dos à la mer, il se dirigea vers les prés où sa bien-aimée, une branche d'aubépine à la main, rose sous son bonnet, les yeux vagues au ciel, rêvait.

Jan Malin arriva derrière elle tout

6

doucement, et, par dessus l'épaule, lui offrit son bouquet. Il fut reçu comme d'habitude :

— Merci, je ne t'aime pas, tu louches.

IV

Vers minuit, des étoiles s'allumèrent au sommet des mâts de la barque étrange ; les diamants, par miracle, brillèrent dans la nuit et les voiles s'éclairèrent de reflets roses, verts et rouges. Cependant elle paraissait plus lourde que de coutume ; elle se balançait moins légèrement sur le sommet des vagues.

Jan-Marie Rebec, lui aussi, avait allumé ses feux et procédait aux derniers préparatifs du départ sur son bateau, la « Douce-Clary. » Lui et ses trois matelots, muets contre l'habitude, vaquaient à leurs travaux ordinaires, mais parais-

saient plus surexcités et plus inquiets ;
de temps en temps, leurs regards se di-
rigeaient vers la barque lumineuse. Jan
Malin avait de grosses larmes dans les
yeux qu'il essuyait de temps en temps du
revers de la main et, silencieux, souffrait
d'être si laid.

Comme les jours précédents, l'orage
était imminent, le tonnerre grondait
dans le lointain et dans l'air calme et
sonore, on sentait courir sa prochaine
colère.

Sorties du port, les deux barques se
suivirent, la « Douce-Clary » était à
quelques centaines de mètres derrière la
barque lumineuse.

— Surtout serre-les de près, Yvon
Lamballe, ne les perds pas de vue, cria
Jan-Marie Rebec.

Pendant près d'une heure, les deux
barques filèrent sur l'eau, silencieuses
dans la nuit que la barque blanche éclai-
rait de ses feux, au point qu'elle paraissait voguer sur des flots de lumière. Les
nuages s'étaient rapprochés ; maintenant,

au-dessus de leurs têtes, les matelots de la « Douce-Clary » sentaient l'orage menaçant et, sous leurs pieds, la mer houleuse, prête à devenir méchante, grinçait des dents comme une bête fauve. Malgré tout, ils avaient un peu, au fond du cœur, cette crainte instinctive qu'ont les marins à l'heure du danger, et qui sans être de la peur d'habitude, en devenait presque chez eux ce jour-là, à cause de la mauvaise action qu'ils avaient commise et dont le poids leur pesait déjà. Jan Malin s'égayait peu à peu, au contraire; Jan-Marie Rebec, fasciné, debout au gouvernail, ses petits yeux grands ouverts, regardait obstinément la barque blanche.

Tout à coup le vent s'éleva. Les vagues, majestueuses, roulèrent avec fracas leur dos voûté d'écume.

— Qu'est-ce que tu vois? cria dans la tempête Yvon Lamballe à Jan-Marie Rebec.

— Ça coule, y coule, encore un petit moment.

6*

La petite barque blanche s'enfonçait peu à peu ; l'eau s'engouffrait avec fracas dans sa carcasse et chaque vague, qu'elle ne pouvait plus sauter, venait s'abattre sur elle de toute sa force et de tout son poids. La tempête en faisait à présent un jouet, les diamants ne luisaient plus que par instant, immergés ; seules, les étoiles brillaient en haut des mâts d'ivoire. Les deux femmes, immobiles, se tenaient à l'arrière de leur barque fragile, insouciantes de l'imminent danger. Le vent avait dénoué leurs cheveux d'un blond ardent et leurs tuniques blanches flottaient au gré de son souffle.

Le vent redoubla.

Jan-Marie Rebec eut de la peine à se maintenir debout, et tout à coup, il s'écria :

— Debout, Yvon Lamballe, debout Jan Futaille, debout Jacques Triport, dépêchez, le bateau coule et les garces avec.

S'agriffant aux cordages, les trois hommes et Jan Malin qui aurait volontiers pleuré, assistèrent au spectacle terrible.

Jan-Marie Rebec, dont un éclair avait illuminé la figure, était rouge de joie :

—Là, là, çà coule. Allez ; coule donc, bateau du diable, et coulez-donc, garces.

Il avait à peine terminé ces mots que le bateau disparut, en effet, dans la profondeur des flots ; mais comme sa dernière étoile s'éteignait dans la nuit, le ciel entier s'embrasa et se remplit d'une aveuglante clarté. Subitement la mer s'était calmée, le vent avait cessé de souffler et les matelots, éblouis, sentirent peser sur leurs épaules une force invisible qui les fit tomber à genoux. Devant eux, entre les cieux et la mer, les deux femmes blanches s'élevaient dans un nuage d'or.

Une voix tonna :

— Jan-Marie Rebec, sois maudit : tu fus coupable du péché d'envie, le plus répugnant peut-être, à coup sûr le plus bas des vices; soyez maudits, toi et tes compagnons qui, envieux de notre barque, êtes venus, à l'ombre de la nuit, en percer les flancs et nous vouer, sans crainte, à une mort certaine. Soyez punis aussi : Espérance et Charité, nous étions venues vous visiter, pauvres pêcheurs, qui, si souvent, avez recours à nous ; nous étions venues du ciel sur notre barque blanche, vous apporter en même temps bonne pêche et bon vent. Nous allions, pendant votre sommeil, de filets en filets, et nous les bénissions pour que la mer fut douce à leurs mailles, et notre main y jetait par milliers les poissons les plus rares et les plus précieux. Vous n'avez pas été satisfaits, et l'envie vous a mordus au cœur. Vos filets seront vides pendant des jours et des jours, et lourds seulement d'algues inextricables ; vous achèterez pour manger, les poissons des autres, et vous serez peut-être heureux d'invoquer plus tard celles que l'Envie vous poussait à perdre, l'Espérance et la Charité.

VI

Le lendemain, au jour, Jan-Marie Rebec, Yvon Lamballe, Jan Futaille, Jacques Triport et Jan Malin rentrèrent au port. Leurs filets étaient vides, les mailles arrachées; leur bateau avait si souffert de la tempête qu'il était devenu du jour au lendemain le plus laid des bateaux du port. Aucun d'eux ne se vanta de ce qui s'était passé pendant la nuit bien que tout le monde les interrogeât, car Jan-Marie Rebec, Yvon Lamballe, Jan Futaille et Jacques Triport louchaient abominablement et Jan Malin avait de grands yeux clairs où la dernière étoile du beau bateau blanc avait glissé son dernier rayon.

Reaux. Yr...... mille, ... ville,
Jacques Top... m bin...
en port le...
tailles, etc.
souvert du la
du jour du l... plus ...
jeaux au port...
de ... th ...
bien que la ...
m jeaux ... que ... trenta ...
tailles et ... que m...
... mesant ...
vrai ... que
... que
...

La Gourmandise

LA GOURMANDISE

I

« La gourmandise commence quand on mange avec gloutonnerie, quand on boit avec excès, quand on fait un Dieu de son ventre » a dit un auteur dont le nom m'échappe, qui fut peut-être un gourmand, lui aussi, mais à coup sûr un sage.

Sur le coup de huit heures, longtemps
après le couvre-feu sonné, l'écolier
Jehan Frondain sortait de chez son frère,
le diacre Adam, dont il avait surpris les
amours avec une gueuse de cabaret.
Poussé par la soif, en compagnie de laquelle il vivait, il venait de mettre à
profit sa découverte et se dirigeait, en
écoutant battre ses pièces de monnaie
dans ses poches, vers l'hôtellerie d'Adam
et Eve. Jehan longait silencieusement les
murs comme font les hommes riches
dans la nuit et ne s'arrêta qu'après un
quart d'heure de marche devant la porte
du cabaret, d'où sortait des bouffées de
chaleur et de gaîté.

L'hôtellerie d'Adam et d'Eve était un cabaret joyeux, avec une enseigne peinte en rouge, à laquelle pendait une branche de buis qui se balançait au-dessus de la porte d'entrée avec des grincements de ferraille rouillée. On eut pu voir sur cette enseigne, si la nuit avait été moins serrée, Adam et Eve, portraicturés par un artiste vagabond, buvant gaiment en choquant leurs verres. Comme on était dans la semaine de Noël, des mendiants, des soldats et des écoliers débauchés s'y étaient donné rendez-vous autour des tables de bois et mélangeaient dans un pittoresque assemblage leurs trognes rouges et leurs cheveux longs.

Jehan entra ; et son entrée fut saluée par des bravos, car l'écolier était en même temps qu'un habitué un des plus solides buveurs de l'endroit. Il se dirigea vers une table où son ami l'écolier Hugon et à moitié ivre déjà buvait avec un soldat d'aventure.

— Je parierai, fit le soudard en apercevant Jehan Frondin, que ce gaillard n'est pas étranger à la cocufication du drapier de la rue aux Ours dont la femme fut exposée toute nue devant sa porte et fessée avec des branches de houx.

Pour toute réponse, Jehan Frondin embrassa la servante du cabaret dans le cou, pour faire voir comment il embrassait la drapière et celle-ci, mécontente, lui administra deux claques sonores qui réveillèrent les plus alourdis des assistants.

III

La raison d'Hugonnet commençait à s'égarer au fond des verres.

— Ohé! fit-il! Jehan Frondin, ne pourrions-nous boire ce soir à la santé des diacres de Notre-Dame, à commencer par celle de ton frère!

— Non seulement à celle des diacres, j'espère, répondit Jehan Frondin, mais aussi, pour n'oublier personne, à celle des gens d'Eglise à commencer par le pape pour finir par les chantres et puisque nous avons un rude compagnon (il désignait le soudard d'Espagne) qui doit avoir aussi bon estomac que belle tête, commençons la fête.

Et les trois verres, remplis jusqu'aux bords, furent vidés d'un seul trait à la santé des filles de Saragosse, que porta le soldat. Et ce fut vraiment beau de voir avec quel ensemble ils retombèrent sur la table. Les trois buveurs passèrent ensuite le revers de la main gauche sur leurs lèvres, tandis que de larges gouttelettes de vin, pareilles à des perles de rosée rouge, couraient dans la barbe du soldat.

Les brocs succédèrent aux brocs.

Jehan les alignait sur la table les uns auprès des autres.

— Et d'un ! Celui-ci est Pape ! Comme il a belle allure avec son ventre rond !

— Et de trois ? Ces deux flacons vides m'ont tout l'air de cardinaux tout nus.

— Et de cinq, et de six, et de huit ! Allez racailles sans entrailles, ventres sans tripes, curés sans églises, bouteilles vides ; allez sacrez-vous. Je m'emplis ; vos glous-glous ne sont pas perdus : ils chantent dans ma tête ; votre couleur non plus ; ma trogne est rouge et brille comme une lanterne et mon ventre est ferme comme le téton d'une vierge ; par Dieu, c'est le sang du Christ, verse le vin, buvons.

On but à la Noël de l'an passé ; à la Noël de l'année, où l'on n'avait jamais vu tant de gens en ribotte dormir dans les ruisseaux, au milieu des rues ; à celle de l'an prochain, pour se mettre en avance et faire bon compte.

Les deux escholiers, Hugonnet surtout, en avaient déjà leur soûl. Le soudard, plus robuste ou plus accoutumé, avait gardé plus de calme et de sang-froid. Aussi eut-il la force de commander à la servante du vin d'un plus haut prix.

Jehan, comme il arrive souvent aux gens pris de boisson, avait une idée fixe.

L'histoire de son frère amoureux de la garce « Saturnia » lui revenait constamment en tête. Il raconta donc avec force commentaires l'aventure fraternelle.

Hugonnet et le soldat se tenaient les côtes de rire ; le premier passait la moitié de son temps à verser généreusement à boire dans les verres et l'autre moitié à vider le sien ; le second, les deux coudes sur la table, les yeux fixes, la tête lourde, buvait sans mot dire.

A la fin de son histoire Jehan Frondin, dont les joues étaient rouges comme des betteraves à sucre, monta sur la table et au milieu d'un silence général, leva son verre à bout de bras et prononça, aussi clairement que sa langue épaisse le lui permettait, les paroles suivantes :

— *In nomine patris et filii et spiritui sancti: Amen!* Ecoliers, mendiants et soldats, ivrognes et liche-bouteilles, mes amis, soulards et coureurs de filles, joyeux copains, que ceux, parmi vous, qui ont une jambe cassée, les bras démis, des loupes sur la tête, des verrues sur le nez ; que ceux auxquels la vieillesse a volé les cheveux et mâché les dents, ceux dont les souliers sont éculés, les chapeaux troués, mendiants sans bonheur, faux aveugles, faux boiteux, faux muets et faux sourds, accourez tous voir Jehan Frondin, l'envoyé de Virginis Saturnia et d'Adami Diacri afin qu'il vous guérisse de vos maladies passées, présentes et futures. Un broc, cela vous coûte un broc et vous serez guéris par l'intervention de l'envoyé du ciel dont je ne suis ici que l'humble et misérable interprète. Que si le diable est dans ces parages, il tremble, lui aussi ; que sa queue noire se tirebouchonne de crainte à la façon de celle des porcs, que ses yeux rentrent dans leurs orbites afin de voir si j'y suis, car tous, avec moi, vous allez invoquer les noms d'Adam le saint et de Saturnia la Vierge, martyrs tous deux d'un amour inconnu.

Allons, mes frères, abaissez-vous !

Les têtes, instinctivement, se courbèrent, et dans un silence presque religieux Jehan Frondin bénit l'assemblée.

— *Benedicat vos, qui missus est ab Adamo sancto, in nomine patri et filii et spiritu sancti. Amen.*

Un tonnerre de bravos s'éleva dans la salle et les verres furent encore une fois vidés d'un seul trait à la santé de Jehan Frondin.

Lui, d'ailleurs, ne s'était pas oublié ; et ceci finit de le griser, car le vin, ballotté dans son ventre comme dans une tonne aux trois quarts pleine, commençait à produire son trop généreux effet ; la sueur lui perlait au front ; ses jambes, s'effaçant sous lui, devenaient molles comme balles de coton et les tables tournaient autour de lui comme des chevaux de bois. Hugonnet giflait la servante qui lui avait réclamé son dû et soutenait avec des tas d'arguments qu'il avait à peine bu de quoi mettre en ribotte deux chapons du Mans.

Cependant Jehan, contre son habitude, intervint et solda la dépense, non sans commander une dernière bouteille que l'on devait boire, disait-il, à la santé de

Dieu, pour les péchés commis, et pendant que la bonne soufflerait les quinquets.

Le soldat, lui, dormait dans un coin, sur un banc.

IV

Autrefois, comme aujourd'hui après avoir bu deux doigts de vin, au lieu d'aller coucher, les petits philosophes de vingt ans s'éprenaient des hautes questions. Toujours est-il que Jehan Frondin et Hugonnet en vinrent à discuter de l'existence de Dieu, lorsque le grand air les surprit au milieu de la rue aux Ours. Ils déclinèrent, en balbutiant, toutes les idioties que l'on avait déjà élucubrées à ce sujet, et en hommes savants, pour moins se comprendre encore, crurent devoir y mêler du grec et du latin. Après s'être répondu de travers une bonne demi-heure durant et ne pas s'être entendus au milieu des jurons auxquels ils empruntaient leurs plus subtils arguments, ces deux jeunes écoliers abordèrent la plus grave des questions de la vie : la Mort. Il fallait vraiment qu'ils fussent ivres, car les gens sensés (à part les prêtres) se soucient fort peu de réfléchir à des choses où la réflexion n'a rien à faire, attendu que plus on y réfléchit, moins on y voit clair.

Ils marchaient donc droit devant eux sans trop savoir où ils allaient, lorsqu'Hugonnet eut un éclair de génie.

— Mon pauvre Jehan, fit-il, nous ne connaissons le tout de rien, ni le rien du tout.

Hoquetant, il s'arrêta, s'assit sur une borne, tandis que Jehan Frondin, qui pensait trouver un banc sous son derrière, s'étalait de tout son long.

Mais la déconvenue de son camarade n'arrêta pas la faconde d'Hugonnet.

— Les gens qui parlent de là mort

sont aussi bêtes que nous, continua-t-il, et nous, nous sommes aussi bêtes qu'eux. Et d'une.

— Que veux-tu dire, râla Jehan ?

— Tu vas me comprendre. Qu'est-ce qu'un être tel que toi.

— Nihil, rien ; balbutia Jehan.

— Nihil, bien ; bon : donc : rien ; donc un être tel que toi et un être tel que moi ne sont rien, tu m'entends ?

— Je t'entends.

— Par conséquent, un être tel que toi et un être tel que moi sont des êtres inutiles que l'on peut retrancher dans un but utile ?

— Oui, fit Jehan.

— Or, nous voudrions ce soir résoudre une question débattue, controversée : la Mort, et nous pouvons, si tu veux, ce soir, la résoudre en nous supprimant ; nous désirons savoir le secret de la Mort et nous avons la vie ; l'une est la serrure dont l'autre est la clef.

— Sûrement, tenons ferme la clef, fit Jehan qui entrevoyait dans les brumes de l'ivresse où l'écolier Hugonnet voulait en venir.

— Foin de tout cela, frère, je veux mourir. Le fardeau de la vie est trop lourd pour mes épaules, et mon cerveau, pourtant si clair, s'obscurcit devant son objet. Pas un instant, pas une minute ne s'écoulent sans que le grave problème de l'Eternité ne se dresse devant moi, comme un immense point noir d'interrogation. Ah ! je n'en ai, certes, pas l'air mon pauvre Jehan, mais je souffre, je souffre, horriblement, jour et nuit, de ne pas savoir ce que je deviendrai après ma mort.

Jehan fort en ribotte, étendu tout de son long au pied de la borne dormait déjà du sommeil des justes. Hugonnet n'entendit pas son ronflement sonore, ni ses hoquets répétés, ni le souffle de forge qui sortaient de sa gorge empâtée. Il pleurait à chaudes larmes, et, debout, très gravement, embrassait la haute borne sur les deux joues en lui confiant ses peines.

Et, seul, dans la nuit, il continuait ses discours.

— Je vais donc la quitter cette pauvre défroque, dans laquelle mon âme est à l'étroit, mon pauvre Jehan ; la Seine la recevra, cette défroque, et elle voguera, pâlotte et hâve au gré des flots ; vieux soulier laissé sur les bords du chemin, vieux bateau troué échoué sur les berges ; et mon âme, elle, s'envolera vers l'éternelle lumière, portée à travers l'immensité des cieux sur les ailes des anges, jusqu'à l'Inconnu, jusqu'à Dieu, maître des secrets, dont je suis le plus humble et le plus respectueux serviteur.

A cette noble pensée, ses larmes coulèrent en abondance et tombèrent sur le front de Jehan endormi, comme une pluie réchauffante dans cette nuit glacée.

— Et demain, continua Hugonnet qui caressait toujours la borne, un ange te viendra visiter dans ton sommeil, Jehan, et cet ange te dira : Rassure-toi, la porte est ouverte, continue de vivre sagement, noblement, comme tu le fais, ta récom-

pense est là ; cette mort que tu craignais
n'est que l'apothéose de la vie où tu fais
tes premiers pas vers l'éternelle beauté.
Cet ange, Jehan, ce sera moi, et si tu ne
me vois pas, demain à cette heure, prie
pour moi... Voilà.

Jehan sur lequel Hugonnet venait in-
volontairement de s'asseoir se réveilla.

Hugonnet continuait :

— Donc, je vais mourir...

— Oh ! mon pauvre vieux, trouva
Jehan, comment cela se fait.

— Dieu, me pardonnera et je te gar-
derai une place dans son Paradis... viens,
la Seine est par là.

Les deux escoliers crurent qu'il était
bon de s'apitoyer un peu et s'étant péni-
blement relevés se jetèrent dans les bras
l'un de l'autre. Jehan d'ailleurs n'y com-
prenait plus rien du tout.

Et comme Hugonnet ne voulait pas
mourir sans confession, il prit Jehan
par le bras, lui enleva son bonnet et se
mit en devoir de lui conter ses péchés.

Ce fut un doux murmure de rôts volés

aux boutiques, de bouteilles bues et non payées, de femmes volées à leurs maris, de gens battus, d'insultes aux gens d'Eglise, de rossades aux gens du guet, de jurons prononcés, de luxure, de gourmandise et d'autres peccadilles bien connues de Jehan Frondin. Celui-ci, à moitié réveillé, fit sur son camarade le plus magnifique signe de croix et lui donna pleine et entière absolution pour tous les péchés par lui commis et dont il ressentait un peu lui-même le lourd et volumineux fardeau.

— En route, maintenant.

Et ces deux ivrognes, mesurant quatre fois la route de droite et de gauche, continuèrent leur chemin, guidés par le bruit que faisait la Seine en roulant tumultueusement ses flots grossis par la fonte des neiges.

Son bonnet à la main, Hugonnet barbouillait un *De profundis* auquel Jehan répondait par des hoquets fréquents. Continuant leur marche silencieuse à travers la nuit, ils arrivèrent l'un trai-

nant l'autre, sur les bords de la rivière.
Une neige épaisse tombait et leurs corps
semblaient déjà recouverts d'un funèbre
linceul. L'idée fixe du pauvre Hugonnet
les menait à la mort inévitable ; les deux
écoliers marchaient toujours vers le
gouffre béant.

Sur les bords du précipice, Hugonnet,
qui tenait toujours à son bras Jehan aux
trois quarts endormi, fit une dernière
prière, un signe de croix et compta :

— Une...

— Deux...

— Et trois.

Les deux corps s'affalèrent ; la Seine
continua de rouler ses flots tumultueux.

IV

Ah ! les pauvres gens ! Mon Dieu, les pauvres gens.

Heureusement que tout ceci n'est qu'un conte, histoire fabriquée de toutes pièces, torchon mouillé que je tords pour en tirer quelque bonne morale.

Je ne voudrais pas, premièrement, m'attirer la colère céleste en me mettant deux morts d'homme sur la conscience ; d'ailleurs le péché de gourmandise n'est pas à ce point vilain pour être puni si sévèrement, et secondement, je serais bien fâché pour les autres d'abord, et, pour moi, surtout, de faire mentir le proverbe qui dit : qu'il existe un bon Dieu pour les bons ivrognes.

Autant je prise peu les buveurs d'eau qui, de deux choses l'une, ou sont malades de l'estomac, ou sont faibles d'esprit, autant j'aime les belles trognes luisantes et rouges. Puisqu'il est bien entendu que chacun possède un vice dominant, j'avouerai à ma grande honte que la gourmandise du boire est mon plus grand défaut. Ma jeunesse vagabonde se complut en de vastes festins où les bouteilles avaient à peine le temps d'être pleines. Les joyeux compagnons de mes jeunes années, mes bons copains du quartier latin, me virent souvent, la face rubiconde et les yeux riants du même reflet qu'ont les ventres des bouteilles champenoises sous les chauds rayons du soleil. Et tous étaient de bons et braves garçons buvant fort et mangeant gras, et, comme Jehan Frondin et Hugonnet, passant de longues soirées d'hiver à vider des fioles et caresser des filles. Je ne puis donc, sans faire rire, tenir rigueur de leur gueuserie à mes deux ancêtres d'école.

Mais je m'écoute un peu.

Donc, nos deux ivrognes s'affalèrent sur le bord de la Seine, retenus dans leur élan par une main robuste. Abasourdis par le froid et les vapeurs du vin, ils ne sentirent pas cette même main fouiller leurs poches et les alléger de leurs pauvres écus, restants de leur passagère fortune. Ils s'endormirent dans les bras l'un de l'autre, rêvant, l'un des grands cieux où son âme vagabondait, l'autre des caresses gourmandes ébauchées sur les lèvres goulues de la servante du cabaret ; et la neige recouvrit d'un beau drap blanc les deux incorrigibles gamins, tandis que le grand soudard, avec lequel ils avaient bu leur soirée durant, s'éloignait dans la nuit obscure, comptant une à une, dans ses doigts, les pièces d'or qu'il venait de voler à Jehan Frondin.

La Colère

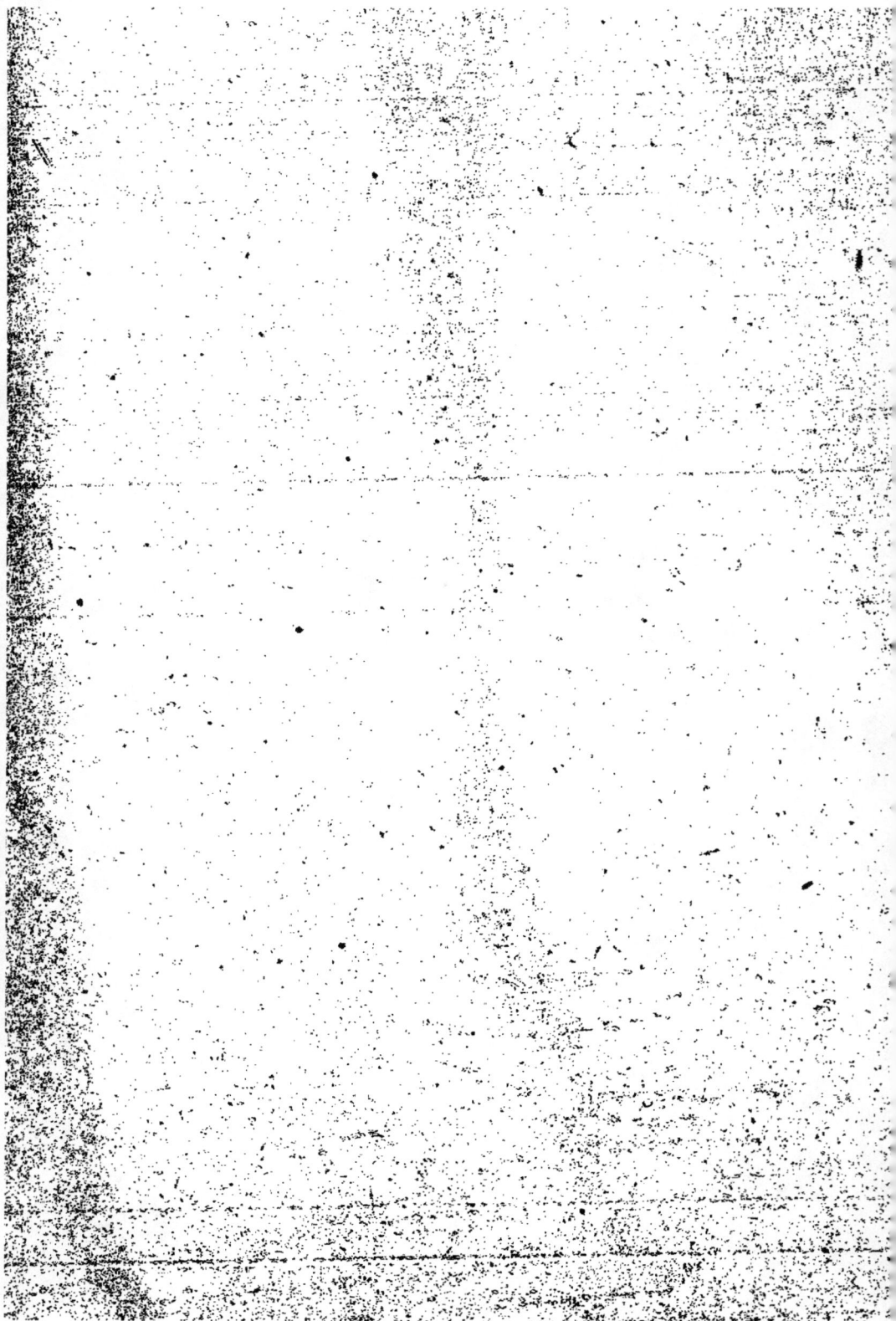

LA COLERE

I

Loin des hommes et du bruit, je passe tranquillement les jours qu'une bonne fée à tissés pour moi. Au fond d'un jardin fleuri de roses trémières et d'œillets rouges, le grondement de leurs colères m'arrive éteint et grêle comme le grincement de crabes enfermés dans un sceau de zinc. La maisonnette tapissée de vigne folle de la tête aux pieds dans laquelle je laisse aller mon rêve et couler ma vie, me donne d'autres idées, aussi je prendrai pour cadre de mon récit, le ciel où volent en ce moment de petits nuages blancs semblables à des compagnies de cigognes lorraines.

Or, l'histoire que je vous conte, se passait à une minute des temps, bien avant peut-être que notre monde ne tourne autour des autres mondes comme un jeu de ballon, dans les fêtes foraines; le bon Dieu s'ennuyait dans un décor toujours le même, parmi ses chérubins, au milieu du ciel bleu. Aussi cherchait-il souvent une consolation dans l'ambroisie, cette divine liqueur qu'il avait créée pour lui seul et qui roulait dans ses glouglous des rires sonores et de douces rêveries. Il en buvait en abondance, jusqu'au moment où sa longue barbe blanche, où les petits anges venaient jouer à cache-cache, se balançât doucement, béatement et comme dansant le menuet à la musique de son ronflement sonore. Mais il lui arrivait souvent aussi de se réveiller avec la tête lourde et la bouche épaisse. Or, un jour, qu'il se trouvait être de bonne humeur, le bon Dieu fit appeler saint Pierre (ou tout au moins celui dont j'ignore le nom et qui tenait à ce moment les clefs de l'Immensité) et lui dit fort simplement :

— Mon bon saint Pierre, va me chercher de la glaise.

Saint Pierre, selon son habitude, ne se fit pas répéter l'ordre deux fois et se mit en quête de la glaise créatrice dont le bon Dieu, d'un souffle, tirait tout ce qui lui plaisait.

Le bon Dieu prit la glaise, qui, sur un geste de sa main devint une bête étrange longue, forte, haute sur ses quatre pattes. Il l'orna de deux cornes, de deux pis et d'une queue. La vache laitière était créée ; elle était là, immobile devant le Créateur avec ses grands yeux fixes et remplis d'infini.

Tout d'un coup le ciel s'anima. De nombreux troupeaux de vaches gambadèrent sous les petits nuages argentés, dans une immense prairie où croissaient à foison sous leurs pas, des sauges et des menthes sauvages. Un coin du ciel fut transformé en verger plantureux; de grands arbres pointaient leur tête élevée dans l'azur et donnaient une ombre bienfaisante, des ruisseaux clairs coulaient à leurs pieds à la musique des petits cailloux blancs qu'ils entraînaient dans leur course rapide.

Le bon Dieu souriant, heureux de l'œuvre accomplie, dit avec bonté à saint Pierre.

— Mon bon saint Pierre, voilà de l'ouvrage pour te distraire. Remplis ma grande coupe du lait blanc des vaches, et quand tu la verras pleine jusqu'aux bords, tu me l'apporteras et d'un coup, j'éteindrai le feu que l'ambroisie a allumé dans ma bouche. Va.

Le bon saint Pierre partit en courant et faillit plus de quatre fois se tourner le

pied, tant il s'empêtrait dans les clefs
énormes suspendues à son côté.

Il racola sur son chemin les anges
qu'il rencontrait :

— Oh la, eh ! l'archange !

— Oh la, eh ! le chérubin !

— Oh la, eh ! les tribulations !

— Oh la, eh ! venez tous ici que je
vous parle un peu, petits espiègles. Vous
rirez une autre fois de mes cheveux gris
et de mes gros genoux. Voici chacun
une cassolette d'or, allez traire les
vaches et remplissez-moi la coupe de
Dieu.

Les lutins furent bougrement étonnés
à la vue des drôles de bêtes que le bon
Dieu venait de créer. Ils voltigèrent cu-
rieusement autour, s'amusant des cornes,
des pis et de la queue, et joueraient
encore à saute-mouton, sur le dos des
vaches, si saint Pierre n'y avait mis bon
ordre.

Ils s'asseyèrent donc sur leurs petits
derrières, et, les ailes au vent, les jambes
écartées, leur cassolette d'or posée à

terre, ils se mirent en devoir à qui mieux mieux de tirer sur les tétines des vaches; et le ciel s'emplit de leurs rires joyeux quand, pressant de leurs mains gras- souillettes le pis des vaches, ils virent la liqueur blanche venir gentiment avec un glou-glou, mousser dans le fond de leur cassolette.

Et ils s'amusèrent longtemps à ce jeu, car le calice du bon Dieu était énorme, creusé dans un nuage, plus pur que le cristal ou que l'eau de roche ; on avait dans le fond cloué des étoiles dont les rayons brillaient de bas en haut, si bien que l'on buvait dans de l'aube et dans du rayon. Il était si grand que les anges mirent une journée à le remplir et quand vint le soir saint Pierre attela après lui trois cent cinquante mille et quatre cent soixante-cinq papillons bleus pour le trainer vers le soleil, à la tête de Dieu.

Au début, tout alla bien. Les papillons s'envolèrent au milieu des nuages; mais hélas, chacun sait comme ils sont lé- gers, les pauvres petits fols. De ci, de là, de travers, ah hue, ah dia, folâtrant, s'éparpillant, dansant la ronde, les papillons bleus s'entortillèrent si bel et si bien dans leurs guides qu'ils renversèrent le calice reflétant d'étoiles et rempli du lait des vaches laitières.

Un fleuve blanc se répandit sur le parquet du ciel ; on eut dit, sous la lumière rose et tamisée du soleil, un immense plat de crême où la main d'un géant aurait écrasé de géantes framboises : la voie lactée, que nous voyons de notre terre, venait de se former à l'insu de Dieu.

III

Ce qui n'aurait pas dû se produire dans le cœur d'un saint, surtout d'un vieux saint comme Pierre, arriva cependant.

Saint Pierre entra dans une colère extraordinaire. Il jura, frappa du pied, se mit les deux poings sur les hanches et, le sang lui monta avec une telle violence à la tête, que ses yeux s'en injectèrent. Il avait à ce moment tout l'air d'une tomate moisie, avec ses cheveux gris. Après avoir débité tous les jurons du ciel il apostropha les papillons de la sorte :

— Je ne sais vraiment ce qui me retient, tas de petits propres à rien, faibles esprits sans idée et sans suite, de vous broyer tous tant que vous êtes, sous le talon de mes bottes; mais vous avez des ailes et je ne puis vous joindre, race de scélérats, et je n'ai pas seulement le plaisir de vous prendre à pleines brassées et de vous noyer dans ce lait répandu; oh! la bonne réjouissance c'eût été pour moi et comme mon cœur en eût été satisfait. Mais, allez, volez, vous n'aurez pas toujours ces ailes dont vous êtes si fiers; un jour viendra où vous n'échapperez pas à ma colère et quand vous dormirez, enroulés dans vos robes de chrysalides, suspendus aux plafonds des cieux, je vous aurai par milliers et chacun de mes pas fera périr des centaines d'entre vous.

Et, joignant le geste à la parole, saint Pierre, en faisant tourner ses clefs dans l'air, abattit plus de trente papillons bleus. Les autres, effrayés du tapage et craignant pour leur propre vie, donnèrent un formidable coup de collier et le calice du bon Dieu, allégé du lait répandu, cahoté, heurté à tous les obstacles fut vite réduit en plus de mille morceaux qui s'éparpillèrent en un feu d'artifice d'étoiles filantes.

A cette vue, la colère de saint Pierre ne connut plus de bornes, et s'il n'avait pas tenu son brevet d'immortalité, on aurait pu craindre pour sa fin prochaine. Ses jurons retentirent de plus belle et s'adressèrent cette fois aux vaches, aux papillons, au calice, à Dieu lui-même.

Cependant qu'il s'agitait si ridiculement pour n'aboutir à rien qui vaille, il entendit la voix de Dieu qui l'interpellait :

— Que fais-tu là, gros bête, à te mettre en colère; le mal que tu te donnes ne répare pas celui que tu fis : ta tête se congestionne, tes cheveux se dressent sur ta tête, tes lèvrent bavent de rage, ton nez se pince, tes jambes flageollent, tes bras s'agitent et ton corps tout entier frémit. Quand tu voudras bien me faire le plaisir de cesser cette comédie, tu remarqueras les changements qu'elle a produits dans l'ordre des choses. A présent, comme devant, le lait renversé coule sur mon parquet, les étoiles de mon calice se sont envolées vers de lointaines sphères et n'ont pas encore reparu ; là, tout au moins, se bornerait le mal, si ta conduite avait été celle d'un sage. Mais la colère t'a fait commettre bien des crimes. Vois à tes pieds ces papillons bleus, fleurs de mon jardin d'azur, que j'avais créés pour le charme de mes yeux, tu les as supprimés sans ma permission ; et moi-même, dont les bontés pour toi sont aussi nombreuses que les éclairs de mes yeux, tu m'as maudit. A quoi bon ? Tu vas être puni de ta colère et regretter pendant l'éternité la légèreté de tes paroles et de tes actes. Tu serviras d'exemple, plus tard, aux hommes que je créerais, pantins remplis de bêtise et d'orgueil.

Les papillons, eux aussi, seront punis comme ils le méritent. J'enlèverai le bleu de leurs ailes, dont ils s'enorgueillissent à tout propos et sur lequel ils font se jouer les rayons du soleil. J'y mettrai une poussière si fine, qu'ils la perdront en frôlant les fleurs, et que le souffle d'un ange les rendra laids comme une feuille morte.

Et d'abord, je veux réparer le mal que tu viens de faire : les gens colères détruisent toujours et ne créent jamais, et le temps qu'ils emploient à réparer ce qu'ils ont brisé est autant de volé sur celui qu'ils auraient mis à produire.

Pour la seconde fois, Pierre, va me chercher de la glaise... »

Et d'un geste il rendit la vie aux papillons bleus.

IV

Quand saint Pierre lui eut apporté la glaise qu'il demandait, le bon Dieu se mit en devoir de créer un petit animal indocile et câlin, miaulant, griffant, léchant, mordant et se sauvant au moindre appel, vivant à sa guise, esprit libre et indépendant, moustaches raides, queue sinueuse : le chat : et c'était à fin de donner à saint Pierre le plus de souci possible qu'il avait pétri cet animal domestique et sauvage, ennemi de toute besogne et de toute attache.

Quand la glaise se fut animée sous son souffle, Dieu dit à l'animal qui venait d'en sortir.

— Tu aimeras le lait.

Et à saint Pierre :

— Pour te punir de ta colère, mon bon saint Pierre, et mettre ta patience à l'épreuve, tu devras maintenir à cette place même les millions de chats qui vont naître sous ma main. Ils aimeront le lait répandu, mais, indépendants et volages, ils se fatigueront rapidement de la longueur de leur tâche; ils chercheront d'autres lieux et voudront leur liberté; sans un geste d'impatience, tu courras de l'un à l'autre et les retiendras sur les bords du fleuve, qu'ils devront boire entièrement, jusqu'à ce que le parquet de mon ciel redevienne comme auparavant, transparent comme une perle de rosée. Vois-tu déjà, comment un moment de colère peut engendrer des ennuis profonds et quelles conséquences lointaines peuvent avoir les actes accomplis sous son influence et les paroles dites sous son action ? Des siècles, lentement, lentement, passeront de ma droite à ma gauche, que tu seras là, toujours, réfléchissant aux suites d'un crime d'un instant. Va, j'ai dit.

Sur un geste de Dieu, des millions de chats se mirent à miauler sur les bords du fleuve blanc. Gourmands, ils s'attelèrent à leur tâche presque éternelle, buvant le lait répandu par la faute des papillons bleus ; et quand la nuit tomba, ce fut un spectacle admirable, auquel Dieu convia sa cour à la grande honte du pauvre saint Pierre, qui tournait autour de son troupeau de chats comme un chien de berger autour de ses brebis : les yeux gris des chats prirent des teintes lumineuses, et, pour les éclairer dans leur nocturne besogne, ce fut sur les bords du fleuve blanc comme des millions de petites lanternes ondant la nuit d'une buée jaune.

Autrefois, il y a de celà des milliards et des milliards d'années, au temps où la terre n'existait pas encore, on n'aurait pas pu apercevoir les yeux des chats, cachés par l'épaisseur de la couche de lait ; mais les petits gourmands ont avancé en besogne. Le ciel est à présent presque entièrement débarrassé du lait répandu, et dans les belles nuits d'été, nous voyons la voie lactée piquetée de petites étoiles qui ne sont autres que les yeux des chats; mais ce n'est plus guère qu'un long ruban blanc jeté là, comme une ceinture de mariée; puis à côté, fatigué, rêvant aux suites funestes de sa colère, le pauvre saint Pierre, vieux et affaibli, à demi-couché dans le chariot de David.

La Paresse

LA PARESSE

I

Aux braves gens,
Aux bonnes gens,
Aux gens de cabaret, rouges trognes,
pousseurs de billes, joueurs d'écarté,
quatrièmes à la manille.
Aux buveurs de bocks, d'absinthes et
de pernods, de quarts et de demis,
Aux poètes sans vers,
Aux astronomes sans étoiles,
Aux musiciens sans musique,
Aux rêveurs de cieux sans horizon,
Aux gas vendeurs de chiens,
Aux ventriloques,

Aux nègres à nougat,

Aux faiseurs de ronds dans l'eau,

Aux badauds,

Aux trimardeurs sans trimard,

Aux souffreteux sans souffrances,

Aux goutteux sans goutte,

Aux mignonnes pécheresses, qui, dans des lits de dentelles payés de gros écus qui ne leur coûtent guère, se bercent nuit et jour,

Aux gens de loi,

Aux gros bidons,

Aux faces blêmes,

Aux redingotes noires,

Aux habits rapés,

Aux gens de politique,

A moi,

A toutes les bonnes gens que la paresse engendre :

Je dédie ce conte.

II

Non loin justement de l'Abbaye des Nonnes-Fleuries, dont j'ai parlé dans mes précédents récits, il y avait un château flanqué de quinze tourelles, de quinze pont-levis et qui, juché sur les coteaux de Port-à-Binson, dominait la vallée de la Marne.

L'histoire véridique que je vais conter se passait, bien entendu, sous les rois fainéants et les paysans nommaient, par dérision, leur châtelain, sire de Poil-dans-la-Main.

Le sire de Poil-dans-la-Main avait à son service plus de quinze cents valets, trente cuisiniers, douze cavistes, échansons, et l'on ne rencontrait chez lui aucun homme d'arme si ce n'est le maître coq chargé d'un couperet. Il n'avait pas de chevaux, pas d'ânes, pas de chasseurs, pas de piqueurs, ni de meute. Il dédaignait la chasse comme étant le plus fatigant des plaisirs, les armes et la guerre pour la même raison.

Seulement, il avait trente-trois chambres dans lesquelles il logeait les plus belles filles du pays à vingt lieues à la ronde. Il en avait des brunes, des rousses, des blondes, des petites, des grandes, des maigres et des grasses.

Il avait trente-trois autres chambres dans lesquelles il logeait des musiciens émérites, joueurs de violes et pinceurs de harpes, gens des routes et chanteurs de grands chemins.

Il avait encore trente-trois autres chambres dans lesquelles il logeait des diseurs de bons mots et des troubadours.

Et au bout de ces quatre-vingt-dix-neuf chambres se trouvait la sienne, dont les fenêtres s'ouvraient sur des vallées profondes et boisées, au soleil levant, et par lesquelles on jouissait d'un panorama féérique l'été et rudement poétique l'hiver.

Le sire de Poil-dans-la-Main n'avait pas plus de trente ans. A part l'idée qu'il avait conçue de ces cent chambres, on ne l'avait jamais vu faire le moindre effort de mains ni de tête. Au temps de sa jeunesse, son noble père avait fait venir, à grands frais, pour lui donner une instruction et une éducation en rapport avec son rang, les professeurs les plus renommés de l'Université, mais le jeune sire de Poil-dans-la-Main n'avait appris qu'à mieux dormir dans la compagnie de ces gens-là. Aussi, quand son père mourut, renvoya-t-il promptement les savants avec leur bagage de grec et de latin et leur fatras de loi. Ce ne serait encore rien, et j'aurais même des tendances à le féliciter d'une aussi noble action, si la suite avait donné raison à ses faits et gestes ; mais il renvoya en même temps les chevaliers qui lui montraient à tirer de l'arc :

— Pourquoi faire, disait-il, puisque je suis bien sur mon banc.

Et, à l'âge où les hommes sont turbulents et batailleurs, il passait tout son temps à regarder pousser la vigne, couler l'eau et faire les boudins. Il apostrophait dédaigneusement les seigneurs, ses voisins, qu'il voyait rentrer les soirs de chasse, éreintés et fourbus :

— A vos souhaits, disait-il, je mangerai des faisans demain.

Bien qu'il fut un très haut seigneur, il allait seul par les bois et là, après avoir choisi la place la plus herbue, étendu de tout son long sur le dos, il demeurait des journées entières à écouter les oiseaux chanter, et à regarder les nuages se courser dans le ciel bleu.

Plus tard, il eut douze négresses qui, dès neuf heures du matin, le débarbouillaient et l'habillaient. Deux moines récitaient ses prières, tandis que deux médecins le prévenaient de bien se garder en bonne santé.

Comme il avait excessivement faim, dès son réveil, trois personnes s'occupaient de le faire manger : la première découpait les viandes, la seconde les lui mettait dans la bouche et la troisième lui fourrait le pain préalablement trempé dans la sauce des plats. Il y avait aussi, à ses côtés, deux personnes munies des instruments nécessaires pour si quelque besoin pressant s'était fait sentir.

Puis, s'il voulait prendre l'air, on le transportait sur une large voiture attelée de vingt bœufs dans laquelle deux personnes prenaient place avec lui afin de faire exécuter les ordres qu'il ne donnait jamais que par gestes.

Sur le coup de midi, les deux moines chargés du salut de son âme, récitaient l'Angelus, pendant qu'il buvait un bon coup de vin blanc afin de s'ouvrir l'appétit; puis, commençaient les prières d'avant le repas, qu'il écoutait en buvant un second coup ; puis les serviteurs s'empressaient, allaient, venaient, se passaient les plats de main en main, de la cuisine jusqu'à sa bouche et cela, pendant des heures, tandis que deux échansons remplissaient ses verres de vin du meilleur crû.

Le sire de Poil-dans-la-Main finissait son repas, au milieu des prières des moines, en vidant une dernière fois son verre à leur santé. Puis il s'endormait profondément à la place même où il venait de prendre son repas ; et, après quelques temps de repos il faisait venir devant lui, dans une immense salle, ses soixante-six femmes, ses soixante-six musiciens et ses soixante-six poètes.

Les soixante-six femmes, qui, je l'ai déjà dit, comptaient parmi les plus belles filles du pays, entraient, vêtues de riches étoffes et de broderies rares. Le sire de Poil-dans-la-Main les recevait, étendu sur un lit bas à baldaquin, la tête rehaussée par un oreiller de plumes prises aux petits oiseaux.

Alors se déroulait un beau spectacle.

Chacune des soixante-six jeunes filles cherchait à plaire au seigneur de Poil-dans-la-Main, car, en outre du plaisir personnel qu'elle pouvait en tirer, celle qui par sa grâce et sa gentillesse s'était montrée la plus digne et la plus méritante, recevait une bague d'or ou un collier d'argent. Il fallait les voir s'empresser autour de lui comme un essaim d'abeilles autour d'une ruche féconde, lui prodiguer les plus folles caresses, lui baiser les yeux, en lui présentant amoureusement les seins les plus parfaits du monde. Les brunes étalaient leurs cheveux de jais, noirs comme une coulée de nuit; les blondes laissaient flotter leur chevelure moins épaisse où le soleil mettait des reflets d'or et où semblaient danser des rayons. Et les rousses, et les châtaines, et les autres si blondes qu'on eut dit des épis fanés. Toutes s'empressaient autour du bon paresseux sire. C'étaient des agaceries, des chatteries, des risettes, des poses lascives, car le brave Poil-dans-la-Main était, de par sa paresse même, assez difficile à dérider. Aussi, petit à petit, les corsages s'ouvraient davantage, les tétons pointaient, raides et fermes, petits ou gros, ronds ou pointus, les yeux riaient, les yeux noirs s'allumaient de feux étranges et dans la douce langueur des après-midi d'automne, le soleil venait donner des teintes chaudes et roses aux chairs parfumées. C'était un chatoiement de couleurs moelleuses, quand les rayons curieux se faufilaient à travers les chemises, c'était un éblouissement de fesses larges comme des lunes, fermes, semées de fossettes, ressemblant à des joues dodues de bébés qui charment et appellent les baisers. Le sire de Poil-dans-la-Main jouissait de ce spectacle merveilleux, vidait de temps en temps son verre rempli de vin sucré et choisissait, parmi les plus belles, deux filles, qui devaient passer le restant du jour à ses côtés.

A la tombée de la nuit, à cette heure tissée de douces rêveries, le sire de Poil-

dans-la-Main renvoyait soixante-quatre
de ses femmes. Par une autre porte
entraient soixante six musiciens et
soixante-six chanteurs, et un grand orgue
placé dans le fond de la salle commençait
à filer des sons d'une lenteur exquise et
d'une intense mélancolie. A un moment
donné, quand les sons de l'orgue semblaient s'éteindre dans le lointain, les
dessus de viole, les basses de viole et les
violons se mettaient à vibrer sous les
archets de crin ; puis les flûtes, les harpes
et les guitares mélangeaient leurs sons.
Et n'allez pas croire que les joueurs de
viole et les autres musiciens jouaient des
airs gais ; ils n'étaient pas ignorants à
ce point et leurs harmonies, dans lesquelles les notes doucement tristes
avaient la dominante, racontaient fort
bien la tombée des jours.

Le sire de Poil-dans-la-Main, couché
sur ses deux maîtresses à demi-nues,
comme sur un oreiller moelleux, s'endormait peu à peu à la façon des petits
enfants : il croyait entendre en rêve la

musique des anges. Les deux femmes prenaient soin de lui, le préservaient des mouches, essuyant la sueur qui lui coulait du front. S'il venait à bouger ou à se tourner par lassitude, vite, elles se soulevaient gentiment et replaçaient la tête du sire de Poil-dans-la-Main dans l'entre deux de leurs seins. L'une avait toujours un verre dans la main, surveillant en quelque sorte la soif du sire de Poil-dans-la-Main qui avait dit un jour :

« Il est inutile de s'éveiller si ce n'est pour boire ou pour manger. »

Il sommeillait ainsi jusqu'au coucher du soleil, tandis que les violes résonnaient, les flûtes sifflaient, les orgues grondaient, les poètes chantaient. Il se mettait sur son séant quand on voyait, par les fenêtres, les forêts de la vallée de la Marne s'ombrer de bleu et le soir, peu à peu, noircir les grands cieux empourprés.

Des serviteurs agiles servaient la table, allumaient les torches. Le seigneur de Poil-dans-la-Main dînait en compagnie de ses deux moines qui disaient des prières et de ses deux femmes qui les méritaient. Vous n'attendez pas, je suppose, de ma part que je vous dise comment se passait la nuit. Je sais seulement que tous les soirs le sire de Poil-dans-la Main avait pour l'aider à dormir deux de ses soixante-six maîtresses.

III

Oh! je suis bien heureux d'avoir terminé ce conte et de n'avoir plus qu'à en tirer la morale. Quand je suis contraint, par le sujet qui m'est imposé, de parler de choses un peu risquées, j'ai hâte d'en sortir, comme chacun sait.

A partir de ce moment, d'ailleurs, je dois traduire mot à mot le vieux moraliste, dans les livres duquel j'ai lu cette trop véridique histoire. Je traduis autant que possible textuellement :

Voilà, dit-il, je pense, un des plus beaux exemples de la paresse, mère de tous les vices. Une vie si dévergondée ne pouvait donc échapper à la vengeance du ciel, qui fut terrible.

Plusieurs années après la trentaine, le sire de Poil-dans-la-Main fut pris d'une maladie jusqu'alors inconnue. En moins de seize jours, il grossit si rapidement que l'on eût dit une outre, et son corps ressemblait plutôt à une gourde qu'à un être humain. Ce n'était rien, pour lui, de devenir gros, gras, joufflu et même mal fichu ! il sortait de son château pour aller s'étendre dans l'herbe des prés ou les foins des prairies. Mais un matin, les deux femmes qui partageaient sa couche furent bien étonnées quand elles s'aperçurent que les deux yeux du sire de Poil-dans-la-Main étaient bouchés par la graisse. Les chairs de la joue s'étaient jointes et collées à celles du front. Quel spectacle, mes frères ! Adieu la vue des cheveux noirs, des joues roses et des tétons blancs, adieu les ventres lisses et les fesses rebondies. On fit venir les plus grands savants et les plus habiles médecins : tous constatèrent que le bon sire était privé de la vue.

Le lendemain matin, comme il grossissait toujours, ses oreilles se trouvèrent bouchées. Les médecins l'auscultèrent de part et d'autre, et affirmèrent que de là seul provenait sa surdité. Adieu, douces chansons des violes, et ronflement des orgues. Adieu, mots enchanteurs des femmes cajoleuses d'amour.

Le troisième jour, le nez se boucha ; les médecins constatèrent un manque d'odorat. Adieu, fumet des plats, arôme des vieux vins.

Le quatrième jour, le ventre gonfla et rejoignit les cuisses ; les médecins conseillèrent aux femmes de laisser le sire de Poil-dans-la-Main seul pendant la nuit, pour cette raison, que leur présence devenait désormais inutile.

Le cinquième jour, son derrière se boucha, et les médecins, d'accord avec les savants, augurèrent de cet accident, qu'une des fonctions les plus importantes de son organisme ne pourrait plus s'accomplir.

Le sixième jour, enfin, la plus terrible punition lui fut infligée. Sa bouche se ferma. Le château tout entier pleura ; les douze cavistes et les échansons burent de l'eau en signe de deuil quand ils se doutaient qu'on pouvait voir. Les moines implorèrent le ciel de lui ouvrir au moins la bouche ; mais le Ciel fut impitoyable. D'ailleurs, pourquoi faire se serait-elle ouverte puisque son indispensable camarade était à tout jamais fermée.

La dernière expiation devait être la plus sévère. Le sire de Poil-dans-la-Main vécut, en effet, dix jours encore plongé dans un demi sommeil. Pendant ces dix jours, il fit un rêve atroce auquel il succomba ; il avait, chose horrible, rêvé qu'il travaillait.

Comme, en fin de compte, il s'était montré bon pour ses gens, tous eurent du chagrin et se crurent obligés de le noyer dans le vin. Les moines, les cavistes et les échansons moururent trois semaines après leur maître : ils avaient éprouvé tant de chagrin qu'ils avaient employé les plus grands remèdes.

Quant aux soixante-six femmes, elles choisirent chacune un musicien et un chanteur, et s'en retournèrent sur les routes avec les gueux des grands chemins.

Table des Matières

TABLE DES MATIERES

Saint-Amand (Cher). — Imp. DESTENAY, Bussière frères.

www.ingramcontent.com/pod-product-compliance
Lightning Source LLC
Chambersburg PA
CBHW052049090426
42739CB00010B/2101